本书获广西高校人文社会科学重点研究基地滇黔桂边革命老区人文精神与社会发展研究基地基金资助

滇黔桂革命老区特色农业产业发展对策研究

唐金湘 著

武汉大学出版社
WUHAN UNIVERSITY PRESS

图书在版编目(CIP)数据

滇黔桂革命老区特色农业产业发展对策研究／唐金湘著. --
武汉 ：武汉大学出版社,2025.8. -- ISBN 978-7-307-25149-6

Ⅰ. F323

中国国家版本馆 CIP 数据核字第 2025VY0219 号

责任编辑:聂勇军　　　　责任校对:鄢春梅　　　　版式设计:马　佳

出版发行: **武汉大学出版社** 　(430072　武昌　珞珈山)

　　　　　(电子邮箱 : cbs22@ whu.edu.cn　网址 : www.wdp.com.cn)

印刷:湖北云景数字印刷有限公司

开本:720×1000　　1/16　　印张:14.25　　字数:202 千字　　插页:2

版次:2025 年 8 月第 1 版　　2025 年 8 月第 1 次印刷

ISBN 978-7-307-25149-6　　　　定价:75.00 元

前　言

　　滇黔桂革命老区是我国重要的革命根据地之一，具有丰富的自然资源和深厚的文化底蕴。然而，由于历史和地理原因，该地区的经济发展相对滞后。

　　特色农业产业的发展对于推动区域经济腾飞、助力乡村振兴具有重要意义。滇黔桂革命老区特色农业产业发展可以有效地促进该区各项事业的健康发展，进一步缓解我国区域经济发展的不平衡状况，不断缩小城乡之间的差距，最终实现共同富裕的目标。如何有效利用滇黔桂革命老区已有的独特资源禀赋并结合产业基础，找到一条适宜自身发展的特色农业产业化道路，无论是对滇黔桂革命老区经济发展，还是对特色农业发展，都具有深远的现实意义和理论意义。

　　本书围绕滇黔桂革命老区特色农业产业化发展问题，并结合乡村振兴战略，主要依托比较优势理论、技术创新理论、农业产业化理论、规模经济效应理论、产业组织理论等，对滇黔桂革命老区特色农业产业的发展现状进行深入剖析，进一步明确当前滇黔桂革命老区在发展特色农业产业化方面存在的问题及制约因素，并通过借鉴国内外特色农业产业发展的先进经验，提出富有针对性的对策建议。具体建议如下：加快产业化经营，提高农产品商品率；优化投资环境，释放市场活力；构建特色农业产业链，大力推进农业产业化经营；创新机制，转变经营模式；塑造知名品牌，加强品牌宣传力度，以期为革命老区特色农业产业发展提供参考借鉴。

目　　录

第一章 绪 论

1.1 研究背景

1.1.1 滇黔桂革命老区的历史背景

滇黔桂革命老区在土地革命战争时期占据举足轻重的地位，是全国闻名的革命根据地之一，其地域范围横跨云南、贵州、广西三省区的部分区域。这片土地承载着厚重的革命历史，新民主主义革命时期，这里成为中国共产党领导革命活动的重要地区。韦拔群、邓小平等老一辈无产阶级革命家在此积极活动，留下了不可磨灭的印记。韦拔群作为壮族人民的优秀儿子，在广西右江地区深入群众，传播革命思想，组织农民运动，为后来革命根据地的建立奠定了坚实的群众基础。邓小平领导发动了百色起义和龙州起义，创建了中国工农红军第七军、第八军，建立了左右江革命根据地。根据地开展了轰轰烈烈的土地革命，广大贫苦农民获得了土地，翻身做了主人，极大地激发了他们投身革命的热情。据不完全统计，在革命战争年代，滇黔桂革命老区有数十万群众参与到革命斗争之中，为了革命胜利，无数英烈抛头颅、洒热血，为推翻"三座大山"、实现民族独立和人民解放做出了巨大牺牲。他们的英勇事迹和崇高精神，成为中国革命历史中熠熠生辉的篇章，赋予了这片土地深厚的红色基因，激励着一代又一代人为实现中华民族伟大复兴而不懈奋斗。

1.1.2 滇黔桂革命老区特色农业产业的现实背景

特色农业作为农业领域的重要发展方向，在推动区域经济发展方面成效显著。滇黔桂革命老区的地理环境复杂多样，涵盖了山地、丘陵、河谷等多种地形，气候条件也丰富多变，从亚热带到温带均有分布，这种独特的自然条件为特色农业的发展提供了得天独厚的优势。以云南文山为例，当地独特的气候和土壤条件非常适宜三七的生长，文山也因此成为全国闻名的"三七之乡"。围绕三七种植，当地形成了集种植、加工、销售于一体的完整产业链。三七加工企业不断发展壮大，开发出了三七粉、三七含片、三七牙膏等多种产品，不仅带动了就业，还吸引了大量资金投入。同时，三七产业的发展也促进了物流运输、包装印刷等相关产业的兴起，形成了产业集群效应，有力地推动了区域经济增长。

从促进农民增收角度来看，特色农产品往往具有较高的附加值，能够为农民带来更为可观的收入。例如，广西的金煌芒以其个头大、甜度高、纤维少等特点深受消费者喜爱。果农通过种植金煌芒，亩产量可达 2000~3000 斤，按照市场价格每斤 5~8 元计算，每亩收入可达 1 万~2.5 万元，远高于传统农作物的收益，而且，随着电商、直播等新兴销售渠道的普及，特色农产品的销售范围得到极大拓展。革命老区的农民通过这些新兴渠道，将自家种植的特色农产品直接销售给全国各地的消费者，减少了中间环节，增加了利润空间。这不仅助力革命老区人民巩固脱贫攻坚成果，还为实现乡村振兴提供了有力支撑，提高了农民的生活水平，促进了社会稳定和民族团结。

1.1.3 滇黔桂革命老区特色农业产业研究的必要性

1. 滇黔桂革命老区特色农业产业发展面临的机遇

首先，政策大力扶持。国家始终高度重视革命老区的发展，近年来出台了一系列专门针对滇黔桂革命老区的扶持政策。如在农业补贴方面，对特色农产品种植给予专项补贴，例如，种植油茶每亩补贴可达 500~1000

元，国家借此鼓励农民积极扩大种植规模。在产业项目审批上，开辟绿色通道，简化审批流程，缩短审批时间，加快项目落地实施。资金投入方面，设立了革命老区振兴发展专项资金，每年投入数十亿元资金用于支持特色农业产业发展。以贵州某县为例，在专项资金的支持下，该县建设了现代化的农产品仓储保鲜冷链物流设施，解决了特色农产品的保鲜和运输难题，提高了农产品的附加值和市场竞争力。

其次，市场需求增长。随着人们生活水平的不断提高，消费者对农产品的需求逐渐从满足基本温饱向追求品质、营养和特色转变。具有保健功效的中药材如铁皮石斛、天麻等，以及口感独特的水果如红心火龙果、释迦果等特色农产品市场需求持续攀升。同时，电商与冷链物流的飞速发展，彻底打破了地域限制。滇黔桂革命老区的特色农产品通过电商平台，能够在短时间内送达全国各地消费者手中。

最后，生态资源优势凸显。滇黔桂革命老区生态环境优良，森林覆盖率普遍较高，大部分地区超过60%，部分山区甚至高达80%，而且工业污染较少，空气清新，水质优良，为发展绿色、有机特色农业提供了天然优势。比如，广西的富川脐橙产区，当地严格控制农业面源污染，采用绿色防控技术防治病虫害，生产的脐橙符合绿色食品标准。凭借优良的品质，富川脐橙在市场上树立了良好的品牌形象，畅销国内外，成功打造了具有市场竞争力的特色农产品品牌。

2. 滇黔桂革命老区特色农业产业发展面临的挑战

首先，基础设施薄弱。部分革命老区交通条件仍然较差，许多乡村道路狭窄且路况不佳，弯道多、坡度大，大型运输车辆难以通行。这不仅增加了农产品的运输成本，而且在运输过程中容易造成农产品的损耗。据估算，因道路条件导致的农产品损耗率可达10%~20%。同时，农田水利设施尚不完善，灌溉水源不足的问题较为突出，部分地区靠天吃饭的局面尚未得到根本改变。一些灌溉设备老化失修，灌溉效率低下，无法满足特色农作物生长对水分的需求，严重制约了农业规模化、现代化发展。例如，云南某革命老区的山区，由于缺乏完善的灌溉设施，特色花卉种植只能局限在水源附近，难以扩大种植规模。

其次，技术与人才短缺。特色农业生产对专业技术要求较高，如特色作物的精准种植技术、病虫害的绿色防控技术等。然而，目前老区农业技术推广体系存在诸多问题，技术人员数量不足，且知识结构老化，难以满足农民对新技术的需求。农民由于缺乏专业培训，大多依靠传统经验进行生产，难以掌握先进的农业技术，无法扩大生产规模。比如，在特色水果种植中，由于缺乏科学的修剪和施肥技术，导致水果产量低、品质差。同时，由于革命老区经济发展水平相对落后，工作环境不佳和待遇有限，难以吸引和留住农业专业人才。许多农业院校毕业生更倾向于选择大城市或发达地区就业，导致老区特色农业产业发展缺乏智力支撑。

最后，市场竞争激烈。虽然特色农产品市场前景广阔，但全国各地都在积极布局特色农业产业，市场竞争愈发激烈。滇黔桂革命老区特色农业产业因起步相对较晚，在品牌建设和市场推广方面投入不足，导致品牌知名度不高。许多优质的特色农产品"养在深闺人未识"，在市场份额争夺中面临较大压力。此外，产品同质化问题也较为严重，不同地区的特色农产品在品种、品质和营销方式上差异不大，难以形成独特的竞争优势。例如，在中药材市场上，多个地区都主打相似的中药材品种，缺乏差异化竞争，影响了滇黔桂革命老区特色农产品的市场竞争力。

1.2 研究目的与意义

1.2.1 研究目的

首先，精准分析产业现状。深入调研滇黔桂革命老区特色农业产业的发展规模、产业结构、经营模式以及市场销售情况，通过实地考察、问卷调查、数据分析等多种方式，全面了解当地特色农产品的种植与养殖规模，明确各类特色农业产业在整个区域经济中的占比，梳理不同经营主体(如农户、合作社、农业企业等)的运营模式，以及探究特色农产品在国内和国际市场的销售渠道与市场份额，从而清晰勾勒出区域产业发展的现实轮廓。

其次，深度挖掘特色农业发展中存在的问题。基于对产业现状的了解，系统梳理制约滇黔桂革命老区特色农业产业发展的各类问题，便于对症下药，找出发展路径。从内部因素来看，深入分析农业生产技术水平、人才储备、资金投入、基础设施建设等方面存在的短板；从外部环境出发，探讨市场竞争压力、政策落实程度、自然灾害影响等不利因素。例如，分析特色农产品在种植、加工环节因技术落后导致的品质不稳定问题，以及政策扶持在基层落实过程中遇到的阻碍等，从而找出影响产业发展的关键症结，并提出解决办法。

最后，科学提出发展对策。针对挖掘出的问题，结合革命老区的实际情况和未来发展趋势，提出具有针对性、可行性和创新性的发展对策。在技术层面，提出加强与科研院校合作，引进和推广先进农业技术的建议；在人才方面，制定吸引和培养农业专业人才的措施；在市场拓展方面，提出规划打造特色农产品品牌，拓展销售渠道的策略；在政策支持方面，提出优化政策执行机制，提高政策效能的方案，借以为滇黔桂革命老区特色农业产业的可持续发展提供理论支持和实践指导。

1.2.2 研究意义

1.2.2.1 理论意义

首先，丰富农业经济理论。滇黔桂革命老区特色农业产业具有独特的地理、经济和社会背景，对其深入研究有助于进一步细化和拓展农业经济理论。通过分析该区域特色农业产业的发展模式、市场机制以及与其他产业的关联，能够为农业产业布局、产业融合发展等理论提供新的实证案例和研究视角，补充和完善农业经济理论体系，使其在不同区域条件下更具普适性和指导性。此外，研究滇黔桂革命老区的特色农业，还可以揭示在特定自然环境和历史条件下，农业如何适应和改造环境，以及如何通过创新技术、管理方式和政策支持，实现农业的可持续发展。这些研究不仅对滇黔桂革命老区的农业发展具有重要意义，而且对于其他具有相似条件的地区也具有借鉴和推广价值，从而推动整个农业经济理论的创新和进步。

其次，拓展区域发展理论。革命老区的发展问题一直是区域发展研究的重要领域。本书聚焦于特色农业产业，探讨如何通过特色产业带动革命老区实现经济增长、社会发展和生态保护的协调统一，为区域发展理论中关于落后地区产业振兴、区域均衡发展等内容提供新的理论依据和实践经验，推动区域发展理论在特殊区域的应用与创新。本书深入分析了革命老区的地理环境、历史背景和社会经济状况，旨在找到一条适合这些地区可持续发展的道路。通过研究特色农业产业的潜力和挑战，本书试图揭示如何有效地利用当地资源，促进农业现代化，同时保护自然环境，确保生态平衡。此外，本书还关注如何通过政策支持和市场机制，激发革命老区的内生增长动力，实现经济结构的优化升级。最终，本书期望为革命老区的振兴提供一套切实可行的策略和措施，为区域发展理论的丰富和完善贡献新的视角和思路。

1.2.2.2　实践意义

首先，助力革命老区经济发展。滇黔桂革命老区经济发展相对滞后，特色农业产业作为具有发展潜力的产业，通过本书提出的发展对策，能够有效提升产业发展水平，增加农产品附加值，带动相关产业发展，促进区域经济增长。例如，优化特色农产品加工产业布局，提高加工技术水平，可以延长产业链，创造更多的经济效益，为革命老区的经济振兴注入新动力。

其次，推动乡村振兴战略的有效实施。特色农业产业是乡村产业的重要组成部分。研究成果有助于指导革命老区农村地区调整农业产业结构，发展特色农业，吸引人才回流，促进农村一二三产业融合发展，从而实现"产业兴旺、生态宜居、乡风文明、治理有效、生活富裕"的乡村振兴目标。比如，打造特色农产品品牌，能够提升农产品市场竞争力，增加农民收入，改善农村生活条件，推动乡村全面振兴。

最后，促进革命老区的农民增收与生活改善。特色农业产业的发展直接关系到农民的收入水平和生活质量。通过研究本书提出的提高农业生产技术、拓展销售渠道等对策，可以帮助农民提高农产品产量和质量，降低生产成本，增加销售收入，改善生活条件，缩小城乡收入差距，提升农民的幸福感和获得感，对维护社会稳定和促进民族团结具有重要意义。

1.3 主要概念界定

1.3.1 乡村振兴

乡村振兴战略最早由习近平总书记在党的十九大报告中提出，报告充分说明了"三农"工作的重要性，认为解决"三农"问题的关键在于实施乡村振兴。报告同时指出"三农"问题是关系国计民生的根本性问题，必须始终把解决好"三农"问题作为全党工作的重中之重，在乡村振兴过程中，应坚持"创新、协调、绿色、开放、共享"五大发展理念。《乡村振兴战略规划（2018—2022）》由中共中央、国务院于 2018 年 9 月发布，《规划》指出，要坚持"法治为本"，以"产业兴旺""生态宜居""乡风文明""治理有效""生活富裕"为目标，构建完善城乡一体化发展的制度与政策体系，全面推进农村经济、政治、文化、社会、生态、党的建设，加快推进农村治理体系和治理能力的现代化，加快推进农业农村现代化，走出中国特色的"乡村振兴之路"，使农业变得有前途，农民变得富裕，农村宜居。推进"三农"建设，必须把握好三个方面的要求：

第一，产业发达是根本。党的十九大报告提出："实施乡村振兴战略。……促进农村一二三产业融合发展，支持和鼓励农民就业创业，拓宽增收渠道。"[1]我们在实施乡村振兴战略过程中需要坚持以习近平新时代中国特色社会主义思想为指导，不断推进工业高质量发展及不断创新，以实现乡村产业的可持续发展和农民的增产增收。一方面，要努力改变已有农

---

① 《习近平谈治国理政》第三版，外文出版社 2020 年版，第 25 页。

业产业的生产结构，推动农村农业产业结构的转型升级，由农业的单一生产模式向二、三产业转变，促进产业间的相互融合；以当地的资源禀赋优势为基础，要在各地发展特色产业，鼓励农户进行技术改造，调动他们的创业热情，把生产要素集中起来，加大农户之间的协作力度，把生产规模和经营方式结合起来。与此同时，还要加大对基础设施的投资力度，争取更多的政策支持，让更多的农户得到更多的实惠，让所有人都能享受到改革发展的成果，从而激发农民的生产热情，促进农村农业的稳定和高质量发展。此外，适应供给侧结构性改革需要，根据市场的需求，迅速调整生产经营，不断提升产品的质量以及附加值，持续进行科技创新，从而提高产品的生产效率和市场核心竞争力。

第二，人才培养是关键。一个国家的核心竞争力是人才的储备，因此，乡村振兴需要一支爱农兴农的高质量农业人才队伍来提供智力支撑。基层政府要积极提供政策支持，特别是在高层次人才引进和培育方面，更要为其创造一个想干事和能干事的平台，让专业人才为乡村振兴战略的实施提供强有力的支撑。国家应增加对农村教育的投资，以促进农村教育的发展。乡村的发展更要培养乡村本土的人才，他们对乡村有着深厚的感情，在农村能够"立得住""干得长"。

第三，把农民作为主要力量。在农村要把农民当成主人，众多的农民群众是推动乡村振兴发展的主体，基层党组织要深入人民群众当中，认真听取群众的意见。大力培育和支持农村致富带头人，通过榜样的带头示范作用，充分调动农民的积极性。引导更多的农民群众加入乡村合作社等新型农业组织，并不断地通过各类培训，提高农民的专业技能和综合素质，从而推动农村社会的和谐发展。

1.3.2　特色农业

特色农业是一种能够充分利用其地理位置、资源等方面的优势，以市场为导向，生产出具有强大市场竞争力的特色农产品的高效农业。特色农业是由传统农业逐步演变而来的，其"特色"主要体现在以下几个方面：

第一，地域特色鲜明。特色农业的生产工艺紧密贴合区域特点，充分挖掘和利用当地自然条件。例如，云南的咖啡种植，凭借其独特的气候条件，如昼夜温差大、光照充足等，以及酸性的红壤，为咖啡生长提供了得天独厚的环境。当地咖农采用的遮阴种植法，既顺应了云南山地多、阳光直射强的地理特点，又能为咖啡树营造适宜的生长微环境，使得云南咖啡豆具有独特的果酸和醇厚口感，在国际市场上独树一帜。同时，在生产特色农产品的过程中，以当地自然资源为基础，实现对特色农产品的最大化利用。在广西，利用丰富的甘蔗资源，不仅生产出优质的蔗糖，还将甘蔗渣用于造纸、生产生物质燃料等，实现了对资源的循环利用，延伸了特色农业产业链。这种地域特色不仅体现在对自然条件的利用上，还融入了当地的农耕文化和传统技艺。云南哈尼族的梯田水稻种植，依着独特的山地地形开垦梯田，利用高山的水源和特殊的生态循环系统，产出的水稻不仅口感软糯，还承载着千年的农耕文化传承，成为地域特色与文化价值融合的典范。

第二，市场导向明确。特色农业以市场需求为导向，其产品具有较大的市场需求量。以贵州刺梨产业为例，随着人们健康意识的提高，人们对富含维生素 C、超氧化物歧化酶（SOD）等营养成分的刺梨产品需求大增。贵州刺梨生产者抓住这一市场机遇，大力发展刺梨种植和加工，生产出刺梨果汁、果脯、保健品等多种产品，满足了不同消费者的需求。在发展过程中，特色农业逐渐形成完整的产业链或产业集群，获得规模经济效果。在云南花卉产业集群中，其涵盖了花卉种植、种苗培育、花卉交易、花卉物流、花卉加工等多个环节，众多企业和农户集聚，通过分工协作，降低了生产成本，提高了生产效率，使云南花卉在国内外市场上占据明显优势，成为全球重要的花卉供应地之一。同时，市场导向还体现在对消费趋势的敏锐捕捉上。比如随着绿色环保和有机食品理念的兴起，特色农业积极发展有机种植和生态养殖，生产出无农药残留、高品质的特色农产品，满足了市场对绿色健康食品的需求，进一步提升了产品的市场竞争力。

第三，科技应用深入。特色农业将现代化的科学技术发挥到最大，对产品的种植和加工工艺进行优化。在种植环节，利用物联网技术，实时监测土壤湿度、养分含量、气温、光照等环境参数，实现精准灌溉和施肥，提高农产品产量和质量。例如，在云南花卉种植区，通过智能温控系统，根据花卉不同生长阶段的需求，自动调节大棚内的温度和湿度，使花卉生长更加健壮，品质更优。在加工环节，引入先进的加工技术，如低温浓缩技术用于刺梨果汁加工，最大程度保留刺梨的营养成分和风味。与此同时，在产品销售过程中，引进先进的营销手段和观念，如利用电商平台、直播带货等新兴销售渠道，打破地域限制，将特色农产品推向更广阔的市场。通过品牌建设和营销策划，提升特色农产品的品牌知名度和美誉度。如广西芒果通过举办芒果文化节、打造品牌形象等方式，提高了产品的市场竞争力，促进了特色农业产业的持续发展。科技的应用还体现在品种选育上，如利用基因编辑和杂交育种技术，培育出更适应本地环境、产量更高、品质更优的特色农产品品种。例如，科研人员通过不断的技术攻关，培育出了抗病虫害能力更强、果实更饱满的广西芒果新品种，进一步巩固了广西芒果在市场上的优势地位。

第四，政策支持与保障。特色农业的发展离不开政策的支持与保障。政府通过出台一系列优惠政策，如财政补贴、税收减免、信贷支持等，鼓励农民和企业投身特色农业产业。在财政补贴方面，对于种植特色农产品的农户，给予每亩一定金额的补贴，用于购买种苗、肥料等生产资料；对于特色农产品加工企业，给予设备购置补贴，促进企业技术升级。税收减免政策则减轻了企业的负担，提高了企业的盈利能力。在信贷支持上，金融机构为特色农业企业和农户提供低息贷款，解决了他们的资金周转难题。同时，政府还加强了农业基础设施建设，改善了灌溉、交通、物流等条件，为特色农业的发展奠定了坚实的基础。

第五，面临较大挑战。尽管特色农业发展前景广阔，但也面临着诸多挑战。市场波动风险是其中之一，特色农产品的市场价格受供求关系、气候变化、国际市场等因素影响较大。例如，云南咖啡价格曾因国际市场咖啡产量大增而大幅下跌，给咖农和咖啡企业带来了巨大损失。为应对这一风险，特色农业产业通过建立价格预警机制，及时掌握市场动态，调整生产和销售策略；加强品牌建设，提高产品附加值，增强市场抗风险能力等应对市场危机。此外，人才短缺也是制约特色农业发展的重要因素。特色农业需要懂技术、会管理、善营销的复合型人才，但目前这类人才相对匮乏。为解决这一问题，政府和企业应加强与高校、科研机构的合作，开展人才培养和引进工作。高校应开设特色农业相关专业，为产业输送专业人才；企业则应通过提供优厚的待遇和良好的发展空间，吸引人才投身特色农业产业。

1.3.3 特色农业产业

对于特色农业产业的概念，目前国内外学者尚未达成统一的共识，国家发改委产业经济与技术经济研究所所长马晓河在其研究中指出，特色农业产业具有明显的地域特征、独特的资源条件以及产品特点，并且需要具备良好的产业基础，以及一定的生产条件，只要通过采取恰当的措施，对其进行培育和支持，就可以在短时间内，形成强大的市场竞争能力，并形成一个相对完备的产业链，从而产生良好的经济效益。特色农业产业指的是将提升产品的品质和提升市场的竞争力作为最终目的，它追求的是生态和效益的最大化，从而形成的一种规模适度、特色突出、效益良好和产品具有较强市场竞争力的非均衡农业生产体系。特色农业产业与传统产业相比，是一种具有比较优势的农业产业，它指的是一个地区某种产业，它经过了比较长的时间的发展，它的特征与当地地理环境优势、历史文化、生活习惯以及产业发展趋势相一致，并且经过了长时间的积累和沉淀，形成了一种具有市场竞争力的农产品产业集群。特色农业产业发展是建立在传统农业产业基础之上的，它的产业发展趋势与市场需求相适应，可以满足居民生产生活的需要，可以有效地促进县域经济的发展和提升。

特色农业产业不仅具备上述特性，还呈现出以下显著特点与发展要素。

其一，多元发展模式。特色农业产业发展模式丰富多样，涵盖了多种创新业态。以"公司+农户"模式为例，在云南的花卉产业中，花卉种植公司与众多农户签订合作协议，公司为农户提供种苗、技术指导以及销售渠

11

道，农户负责花卉种植。这种模式既发挥了公司的市场优势和技术优势，又充分利用了农户的土地和劳动力资源，实现了双方的互利共赢。还有"合作社+基地+农户"模式，贵州的刺梨产业通过成立刺梨种植合作社，建立刺梨种植基地，组织农户进行标准化种植。合作社统一采购生产资料、统一销售产品，降低了生产成本，提高了产品的市场议价能力。此外，"互联网+特色农业"模式也逐渐兴起，通过电商平台，特色农产品能够直接面向全国乃至全球市场销售，拓宽了销售渠道，减少了中间环节，提高了农民的收入。除了上述模式，"家庭农场+电商"模式也在特色农业产业中崭露头角。家庭农场凭借其精细化管理和特色化经营，生产出高品质的特色农产品，再借助电商平台，直接将产品销售给终端消费者。例如，广西某家庭农场专注于有机草莓种植，通过直播带货的方式，将新鲜采摘的草莓快速销售出去，不仅减少了损耗，还获得了较高的利润。

其二，特色农业产业与其他产业实现深度融合。特色农业产业强调与其他产业的深度融合，以拓展产业发展空间，提升产业附加值。在广西，甘蔗产业不仅局限于蔗糖生产，还与旅游业、工业紧密结合。甘蔗种植区开发了甘蔗文化旅游项目，游客可以参观甘蔗种植园，了解甘蔗的种植过程和蔗糖的制作工艺，品尝甘蔗制品，体验乡村生活。同时，甘蔗渣用于生产生物质燃料、造纸等工业产品，实现了对资源的循环利用。这种产业融合模式，不仅增加了就业机会，还带动了当地经济的多元化发展。另外，特色农业产业与文化产业的融合也日益凸显。如云南的普洱茶产业，将茶文化融入其中，通过举办茶文化节、建设普洱茶博物馆等方式，提升了普洱茶的文化内涵和品牌价值，吸引了更多消费者。特色农业产业与教育产业的融合正成为趋势，开展农业科普教育活动，让城市居民尤其是青少年走进乡村，了解农业生产知识和传统文化，既传播了农业知识，又促进了特色农业产业的发展。例如，贵州某葡萄种植园开设了葡萄种植科普课程，吸引了大量学生前来参观学习，同时也带动了葡萄及相关产品的销售。

其三，特色农业产业依靠创新驱动发展。创新是特色农业产业发展的核心动力。在技术创新方面，应不断引入先进的农业技术，如无人机植保、智能灌溉、无土栽培等。在广西的特色瓜果种植中，无人机植保技术的应用，大大提高了病虫害防治效率，减少了农药使用量。在产品创新上，还应不断开发特色农产品的深加工产品。例如，贵州的苹果产业，除了生产苹果汁、苹果醋等传统产品外，还开发出苹果脆片、苹果果胶等新产品，满足了不同消费者的需求。在管理创新方面，引入现代化的企业管理理念和方法，提高特色农业产业的运营效率。通过建立标准化的生产流程、质量控制体系和市场营销体系，提升产业的整体竞争力。如今，大数据和人工智能技术在特色农业产业管理中也发挥着重要作用。利用大数据分析市场需求、消费者偏好和价格走势，可为生产和销售决策提供依据；借助人工智能技术实现农产品质量检测自动化，提高检测效率和准确性。例如，云南某柑橘种植基地利用大数据分析市场上不同品种柑橘的销售情况，调整种植结构，同时通过人工智能图像识别技术检测柑橘的成熟度和病虫害情况，实现精准采摘和防治。

其四，特色农业产业人才支撑效应明显。人才是特色农业产业发展的关键因素。一方面，需要培养和引进专业技术人才，涵盖种植养殖技术、农产品加工技术、农业机械技术等领域。例如，通过与高校合作，建立实习实训基地，吸引农业相关专业的学生前来实习就业，为特色农业产业注入新鲜血液。另一方面，要注重培养经营管理人才，提升特色农业产业的运营管理水平。如举办各类农业经营管理培训班，邀请专家学者和成功企业家授课，传授市场营销、财务管理、品牌建设等知识。同时，鼓励农村本土人才创业，通过政策扶持和资金支持，培养一批懂技术、会经营的新型农民。比如，云南大理某农村青年通过参加农业创业培训，掌握了电商运营技巧，回乡创办了特色农产品电商企业，带动了当地农产品的销售和农民增收。

其五，特色农业产业注重品牌建设。品牌是特色农业产业的核心竞争力之一。加强品牌建设，首先，要注重产品质量，建立严格的质量标准和监管体系，确保特色农产品的品质过硬。例如，黑龙江的五常大米，以其独特的口感和优良的品质闻名全国，这得益于当地严格的种植标准和质量监管。其次，要加强品牌宣传推广，利用多种渠道提升品牌知名度和美誉度。通过参加农产品展销会、举办品牌发布会、投放广告等方式，展示特色农产品的优势和特色。同时，借助新媒体平台，如抖音、小红书等，进行品牌营销，吸引年轻消费者。例如，云南的花卉产业通过在抖音上发布花卉种植、加工和食用方法的短视频，吸引了大量粉丝关注，提升了云南花卉的品牌影响力。此外，还要加强品牌保护，打击假冒伪劣产品，维护品牌形象。

其六，特色农业产业经营风险较大。特色农业产业在发展过程中也面临着诸多挑战。市场风险方面，农产品价格波动大，受供求关系、气候变化、国际市场等因素影响明显。例如，广西的芒果产业，曾因台风灾害导致产量下降，价格大幅上涨，但随后又因种植面积扩大，产量增加，导致价格暴跌。为应对市场风险，需要建立完善的市场监测和预警机制，及时掌握市场动态，合理调整生产规模和产品结构。同时，加强农产品冷链物流建设，延长农产品保鲜期，降低损耗，提高市场供应稳定性。自然风险方面，特色农业产业易受自然灾害影响，如干旱、洪涝、病虫害等。通过加强农业基础设施建设，完善水利灌溉设施、防洪排涝设施等，提高农业抗灾能力。推广农业保险，降低自然灾害对农业生产的损失。政策风险方面，农业政策的调整可能对特色农业产业产生影响，经营者应密切关注政策动态，加强与政府部门的沟通协调，争取政策支持，同时提高自身的适应能力和创新能力，以应对政策变化带来的挑战。

1.4　研究方法

1.4.1　文献分析法

我们通过中国知网、谷歌学术等方式搜集国内外关于特色农业产业化和乡村振兴的文献，并将其进行归纳整理，进一步挖掘关于特色农业产业化对乡村振兴影响的理论基础和测度方法，对特色农业产业化的影响因素及其机理进行较为全面的回顾与总结，为后续研究提供理论依据。项目研究所使用的数据主要来自滇黔贵三地的统计年鉴及当地统计局、发改委、农业农村管理部门官方资料等。

1.4.2 案例分析法

我们运用案例分析法，剖析调研国内外特色农业产业化促进乡村振兴的典型案例，分析乡村振兴背景下不同区域特色农业产业化的发展路径，探讨如何通过政策调控手段，促进滇黔贵三地特色农业产业化的发展，以此完善政策设计，实现乡村振兴的可持续发展。

1.4.3 比较分析法

我们运用比较分析法，通过深入学习荷兰、山东、甘肃等国家和地区特色农业产业化的经验和做法，并通过对比分析其在自然资源禀赋、产业结构、社会条件等方面存在的异同，找到经验借鉴之处。

1.4.4 实地调研法

实地调研法是通过到实地开展调研来获取研究的第一手资料，通过这种方式获得的数据和资料相比于其他方法更具有客观性和真实性。我们在完成文献搜集和对乡村振兴、特色农业产业化相关理论分析的基础上，对广西特色农业的发展状况开展了实地走访调研，通过调查问卷、访谈咨询等方式进一步了解广西特色农业产业发展状况。

1.5 研究技术路线

根据本书的研究目标和研究内容，我们确定了本书的技术路线。

（1）制定研究方案。在广泛阅读文献和查阅资料的基础上，并结合实地调研，对本书拟解决的关键问题进行探讨，最终形成了本书的研究方案。

（2）获得研究数据。首先，将已有的研究结果和所调查地区农业产业的特点相结合，围绕研究方案，对政府部门和农户进行深度访谈。其次，在预调研基础上，结合实际情况，进一步修改完善调研方案。最后，对所获得数据、信息与案例资料进行整理和核查，以获得研究案例材料。

（3）构建理论分析框架。本书侧重调研滇黔桂革命老区特色农业产业发展情况，在构建理论分析框架过程中，综合运用经济学、管理学等学科知识，基于比较优势理论、技术创新理论、农业产业化理论、规模经济理论以及产业组织理论等，构建本研究的理论分析框架。

（4）理论分析。一是分析滇黔桂革命老区特色农业产业发展面临的困境，二是分析滇黔桂革命老区特色农业产业发展的影响因素，三是分析滇黔桂革命老区特色农业产业发展的具体实施路径。

（5）案例研究。挖掘调研革命老区特色农业产业发展典型案例，为地方政府通过政策调控手段，制定产业发展战略，完善政策设计提供依据。

第二章　理论基础和文献综述

2.1　理论基础

2.1.1　比较优势理论

比较优势理论是当前用于分析特色农业形成和发展的主流理论之一。比较优势理论所体现的是在世界经济贸易迅速发展下的自由经济思想。亚当·斯密在 18 世纪中期提出了绝对优势理论，该理论认为区域具有天然的生产某种商品的独特优势，如果利用这种独特的优势去进行产品生产再与其他地区进行商品的交换，则可达到双赢的效果。绝对优势理论促使各个国家和地区重新调整自身的分工，专注于生产自己拥有绝对优势的特定产品，从而提高了它们的劳动生产率，使资源得到更合理的分配，极大地提升了资源的利用率。亚当·斯密所提出的这个理论，为实现区域之间的贸易往来奠定了坚实的理论基础，并对区域之间的贸易起到了积极的推动作用。他进一步指出各国之间的区域贸易并不完全是由各国之间的绝对优势的不同造成的，他认为，如果区域之间存在着相对的不同，那么在不同的产品的生产上就会有很大的优势，同样可以进行地区与地区之间的商业贸易。因此，大卫·李嘉图提出，各区域应根据区域内的相对优势进行生产，对区域内不占优势的产品进行进口，对区域内具有优势的产品进行出口，从而实现资源的合理配置。1919 年，赫克歇尔、俄林等人首次提出了要素禀赋理论，在此基础上进一步丰富了比较优势理论的内涵。赫克歇尔、俄林研究指出，造成产品生产成本差异的原因在于区域间生产要素的禀赋差异。因此，各个区域所生产的产品，如果是可以将相对丰富的生产要素充分利用起来，那么就会拥有比较优势，这样就可以将各种生产要素的利用率提升起来，从而推动优势产业的发展。基于此，本书从比较优势的角度出发，阐述了滇黔桂三地在发展特色农业时，要充分利用自身独特的资源优势，专注于生产具有特色的农产品，从而实现特色农业市场效益的最大化。

2.1.2 技术创新理论

"创新"最早于 1912 年由美国经济学家熊彼特在其出版的著作《经济发展理论》①中提出，他指出，所谓的创新，就是要构建一个新的生产函数，也就是新的生产要素的组合。熊彼特所提出的"技术创新理论"，其最大的特点是突出了在资本主义经济发展进程中，生产技术革新、生产方式变化所起到的决定性作用。熊彼特的创新理论指出，创业者既是创新的提出者，也是实践者，他们的创新行为不仅促进了科技向生产力的高效转换，同时也推动了产品结构和产业结构的升级换代，进而推动了经济活动与生产方式的变化，在一定程度上促使经济迅猛发展。

结合该理论，经营者要持续采用新技术，学习先进的农业产业化发展模式，以自身的实际情况为依据，从而形成一种特色农业产业化模式。如针对季节性较强的农产品，利用技术创新来提高其保鲜能力和抗低温能力，促进早日上市。农产品提早上市，能提高特色农产品的价格竞争力，有效避免市场上的恶性竞争，从而可以让农民和企业得到更高的收益。在我国特色农业产业化中，优秀的企业家对于农业龙头企业而言发挥着至关重要的作用。具有创新意识的优秀企业家善于把创新作为一种基本手段，来综合协调特色企业的生产经营活动，从而达到企业与社会整体利益以及

---

① ［美］熊彼特：《经济发展理论》，贾拥民译，中国人民大学出版社 2019 年版。

自身利益最大化的目的，实现企业和农户的双赢。

2.1.3 农业产业化理论

以市场为导向的农业产业化经营，把农户作为核心，把龙头企业或合作经济组织作为主体，依靠科技进步，坚持把经济效益放在首位，辅以系统服务，对农业展开区域上的优化布局，采用集约化经营模式、专业化生产方式、企业化管理和社会化服务，并以贸工农一体化经营和产加销为纽带，将农业生产的产前、产中、产后各个环节有机地结合在一起，形成一个完整的产业系统。

产业化的特色农业形成是一个复杂的系统工程，需要基于几个方面的因素进行考虑：一是资源禀赋优势、技术的特殊性以及产业的发展基础；二是市场的需求情况；三是自然资源条件的差异性等，这些都会对特色农产品的生产以及形成产生极大的影响。此外，特色农产品要达到规模经济效益，需要统一行业标准、完善监督制度等。特色农业产业的主体包括农业企业家、农民等多类群体，需要充分调动他们的积极性，才能快速地促进农业产业化的发展。

2.1.4 规模经济理论

亚当·斯密在他的《国富论》①中指出，通过对针织业的持续研究发现，规模经济对于提高劳动生产率、推动职业分工有极大的促进作用。规模经济理论是指在一定时间内，当产量的绝对数量越大，单位成本就越低，由此带来的收益就越大。真正意义上的规模经济最早起源于美国，其代表人物是张伯伦、马歇尔等。马歇尔在其著作《经济学原理》②中阐述了两种产生规模经济的方式，即内部规模经济和外部规模经济。企业内部规模经济的产生，是由于企业运营与组织的效率不断提高，资源得到了充分

① ［英］亚当·斯密：《国富论》，胡长明译，江苏人民出版社 2011 年版。
② ［英］马歇尔：《经济学原理》，章洞易译，南海出版公司 2010 年版。

的利用。企业外部规模经济则是由区域间的合理布局、企业间的联合、合理分工而产生的。他在研究中还发现随着生产规模的不断扩大，其规模报酬会经历递增、不变和递减三个不同的阶段。保罗·萨缪尔森的研究进一步拓宽了规模经济理论的外延和内涵。他在《经济学》一书中指出："企业内部生产中，要使企业更有效率，就必须有更多的产品，更多的资本，以及对各种行为的严密控制与监督。"①传统的公司扩张理论认为，公司扩张有一个"临界点"，当生产规模到达这个临界点时，公司的进一步扩张就会导致公司的生产成本增加。

规模经济理论认为，规模经济是由生产技术进步引起的。农业产业化是以生产工具的发展和生产技术的进步为特征的，它将推动农业生产规模的扩大，通过整合、专业化、集中化的生产方式，实现了产业集群的形成，实现了产业的规模化。从全球农业发展的总体进程来看，农业生产的规模在不断扩大。截至目前，发达国家基本走的都是规模化经营的道路。当前，我国农业规模化经营还处于发展阶段，与发达国家还存在一定的差距，因此，必须进一步加大农业规模化经营的发展力度。

2.1.5 产业组织理论

1. 产业组织理论概述

产业组织是指在一个行业中，企业在该行业所形成的一种市场关系，或者说是一种组织形式。企业之间的市场关系包括利益关系、交易关系、行为关系、资源占用关系等一系列的相互关系。产业组织学是对同一种行业中不同企业间的市场联系及其组织形式进行研究的学科。产业组织理论研究主要基于两个方面的内容：一是在相同的行业中，企业应具有一定的垄断性和竞争性；二是相同行业内的企业，它们之间的合作关系、组织形式、成长模式等。它的根本目标是要解决马歇尔提出的"规模经济"与"垄断"的矛

---

① [美]保罗·萨谬尔森：《经济学》，萧琛译，人民邮电出版社2008年版，第71页。

盾，也就是要确保企业在实现"规模经济"的同时，实现"高效竞争"。

贝恩在《产业组织》①一书中，对产业组织理论进行了深入的研究，并对其进行了界定。他认为市场结构构成传统产业组织理论的核心内容。从短期来看，市场结构是确定的，它决定着市场的行为，也决定着企业的经济绩效。但从长期来说，企业的市场行为和经济绩效也会对企业的市场结构产生影响，其中包括企业的进退壁垒、规模经济、产品差异性等。产业组织理论所研究的是企业在特定市场结构下，如何通过调整其经营行为以获取丰厚的利润。

（1）市场结构。市场结构指的是由市场当中的竞争程度及价格的不同等形成战略性影响的市场组织特性。市场结构可分为完全竞争型与非完全竞争型两种，其影响因素包括市场的集中度和产品的差异性及进入障碍等因素。

（2）市场行为。市场行为指的是企业在综合分析市场供求状况和其他企业间的关系后，做出决策时所采取的一种不同的行为。产业组织理论的核心内容是企业在企业内部的调整、价格、非价格等方面的行为。企业的跨国经营、兼并和破产是企业组织调整的主要方式，以产权关系、规模变化等作为评价的重要指标，包括垄断价格、价格歧视等价格行为，其中，非价格型行为主要包括了科技创新、产品开发、组织创新等内容。

（3）市场绩效。市场绩效是指在一定的市场结构和行为条件下，市场运行所产生的最终经济效应，所反映的是市场经济运作的成果。一般而言，绩效评价的主要内容可以粗略地分为四个方面，即：个人、企业、行业和国家整体经济系统。

2. 农业产业化的SCP分析

（1）市场结构分析。受技术和行业特点等多方面的影响，中国的传统产业还处于相对较低的市场集中度和较强的同质化状态。由于农产品同质性很高，价格弹性又很低，所以，农产品的市场结构基本上是一个完全竞争的市场，农户之间这种无序、过度的竞争，势必会造成农业资源的巨大

———————

① ［美］贝恩：《产业组织》，经济科学出版社1981年版。

浪费。在农业产业化进程中，农户组织程度的提高和产品差异性的增大，使得农产品市场形成的关系不再是完全竞争的关系，并扩大了产品的销售渠道，在全国乃至国外建立了生产、营销基地，降低了市场结构中的进入、退出壁垒。

（2）市场行为分析。在产业组织理论的研究中，市场行为是最重要的一个方面，在农业产业化的研究中，市场行为也是其中之一。当前，我国传统农业市场基本是处于完全竞争的状态，而市场行为又是以市场为导向的，一般而言，其是指农民的行为，因此，市场的行为只能通过价格竞争来体现。在实施了农业产业化之后，市场行为一般表现为企业的行为，因此，企业能够通过并购、扩大生产，从而达到更高的专业化程度、更高的规模经济；同时，还能承担巨额的技术投资、广告投资等风险。它使得农户和企业之间的联系更加密切，从而更好地反映出农户进入市场的组织化水平。

（3）市场绩效分析。在产业组织的研究中，市场绩效是最重要的。在传统的农业生产体系中，由于农业生产的紧迫性，在一个完全竞争的市场中，个体农户只能够成为一个被动的价格接受者，从而导致农业产业的经济表现不佳，已成"弱质产业"的典型代表。实施了农业产业化之后，农民和农民之间的关系更加密切了。大市场之间的需求差距，让农民捕捉、分析信息的能力得到了提升，从而降低了农产品生产的不足或者是浪费。同时，还促使农业的利润和农业劳动生产率得到提高。

3. 农业产业组织创新与制度变迁

如前所述，美国经济学者熊彼特提出了"创新理论"。在《经济发展理论》一书中，他把创新看成是一种新的生产要素的重新组合，并把它归结为一个新的过程。熊彼特所说的三种创新中，有一种是"组织创新"，它是对已有的组织形态进行改造，并在此基础上提出了新的经济组织。在一个国家和地区的经济发展过程中，有效的组织方式是极其重要的一种社会资源。要推动农业现代化，就需要对农业产业组织进行创新，这既是解决传统农业行业弊端的一种有效途径，也是当前我国农业发展过程中亟待解决的问题。

当今中国，如何把零散的小规模农户和不断变化的市场有机地结合在一起，是我国农业产业组织改革面临的一个重要问题。它不仅要与地方经济发展的现实条件相匹配，而且要满足产业生产和交易行为的需要，使所有参加产业组织的人都能分享收益和共担风险。它不仅要有基于社会劳动分工的效率，也要达到某种规模，而且要符合中国农业人口众多、土地资源贫乏的具体国情，以及在农村实行家庭联产承包制的客观现实。实现这一目的的最有效途径是实现农业产业化，它通过契约合作与整合的方式，把农业生产的各环节进行了有机整合，使得农业具有了产业的系列化效应与规模化组织的优势。

从更广泛的角度来看，这一类型的组织变革也是一种制度变革。制度变迁是由制度变革引起的机制、制度和组织的变化所导致的。学界一般将其划分为两种类型：第一种是强制型，指的是政府或其他机构、组织以行政命令的方式进行的改变；另外一种是自发型，是经济和社会发展的内在需要。随着社会的发展，科学技术的进步，人们生活中的各个方面都在悄然发生改变，过去采用的传统的农业体制在现代化的体制下，已不能发挥出应有的作用。而农业产业化正是在这样一种新的、有利的经济体制下所发生的一种诱致性的制度变革。所以，农业产业化并非由政府强加，更非个人臆想，而是由经济发展内部动力驱动、导向的自发的体制改革。经过实践检验，这一制度更加适应了现代农业发展的需要，它是一种科学、合理的制度，是社会生产力和生产关系矛盾运动的必然结果，也是社会主义市场经济发展的必然产物。

2.2 国内外研究现状

2.2.1 特色农业产业化

20世纪50年代，美国、日本等国家开始关注特色产业研究。特色产业发展的本质，是依据各地区的资源禀赋、市场需求与地方特性，合理布局产业，以实现规模经济发展。亚当·斯密提出的绝对优势理论、李嘉图的相对比较优势理论，以及瑞典经济学家赫克歇尔与伯蒂尔·俄林提出的要素禀赋理论，都为特色农业发展奠定了理论基础。布鲁罗在对比较优势理论进行实证检验后指出，当一个国家生产某商品时，其国内各项生产要素的机会成本与该商品净收益之比低于汇率，那么该商品的生产和贸易就具备比较优势。基于相对优势进行产业布局，能筛选出适合当地发展的农业特色产业。

在国外，特色农业产业化不乏成功范例。日本推行的"一村一品"运动，整合政府有限资源，开发特定高价值产品，将一、二、三产业有机融合，充分调动了民众积极性，创造了大量就业机会，有力推动了日本经济的发展。泰国依靠政府扶持，进行整体规划，评选并扶持优质项目，大力发展地方特色产品，成功开拓国际市场，走出一条地方特色产业发展之路。菲律宾聚焦特色农业，以资金和技术为导向，引导市场选择，极大激发了农户和企业主的积极性，促进了特色农业的蓬勃发展。

我国特色农业发展起步相对较晚。1995 年 12 月 11 日，《人民日报》发表《论农业产业化》一文，促使国内开始关注特色农业产业发展，并探讨其发展中面临的问题，寻求解决办法。学者指出，自然条件、扶持政策、经营体制、资金投入、科技水平以及农产品市场供需状况等因素，均制约我国特色农业发展。我国特色农业发展应从以政府为主导，逐步转向以农民为主导，同时，政府需转变职能，提供法律制度保障和公共物品供给，摆脱对资源投入的依赖，依靠科技提升生产力，实现农业可持续发展，推动农业生产从单一的种植、加工模式，向休闲农业、观光农业和旅游农业拓展，促进农业生产从零散小户经营向有组织的企业化经营转变。也有专家认为，在乡村农业产业化进程中，作为主导的龙头企业存在产业基地规模小、带动作用弱、农村劳动力资源利用率低、农业基础设施差、抗风险能力弱、农户分散经营、组织化程度低以及农业支持政策缺乏等问题。

2.2.2　乡村振兴战略研究

国外专家学者在乡村振兴领域，尤其是农业和农村发展问题上，已积累了一定研究成果。早在 20 世纪 40 年代，经济学家们就强调，一个国家的发展不能仅依赖工业，农业是经济发展的根基，忽视农业将严重影响国家整体经济发展。在乡村振兴理论研究方面，部分学者从"乡村发展"和"全球治理"视角展开探讨。关于乡村振兴的关键因素，他们认为，充分发挥乡村企业家的创新精神至关重要，主张加强农村金融系统建设，同时，乡村间的协调发展是乡村振兴的关键所在。在乡村振兴主体研究上，他们从农业多样化发展角度出发，认为政府在乡村振兴中具有不可替代的作用。在乡村振兴实践方面，东亚地区尤其是日本的乡村振兴规划与实践，受到研究者较多关注。

"乡村振兴"是当前我国"三农"领域的热点话题，国内学者进行了大量探讨。他们认为，"乡村振兴"战略的提出，对缓解我国城乡发展和农村地区发展不平衡问题具有重大现实意义。随着社会主要矛盾的变化，城乡居民对生活品质要求不断提高，实施"乡村振兴"战略是解决这一矛盾的根本途径。实施乡村振兴战略是破解城乡发展不平衡、农业农村发展不充分问题的根本途径，对实现"两个一百年"奋斗目标至关重要。目前，国内学者对乡村振兴的研究多集中于宏观层面，研究的综合性、系统性和实践性有待加强。这主要是因为乡村振兴战略提出时间较短，现有文献多为政策解读，在结合各地区具体实践探索与操作的理论概括方面，尚未实现理论与实践的有效结合。

2.2.3 特色农业产业化对乡村振兴的影响研究

发展特色农业有利于区域特色经济发展，投入相对较少的资本和技术，就能产生较大效益。特色农业产业化为以小农和农户为主体实现规模化发展开辟了新路径。它能促进农民收入稳定增长，降低农业交易风险，增强区域农业竞争力，推动农业结构优化和农业增效，助力传统农业向现代农业转型，还有利于全产业链的形成。成功的特色农业产业化模式，能够带动当地特色经济发展，有力促进农业专业化、商品化和现代化的形成。

特色农业产业化还有利于转变经济发展方式。在滇黔桂地区，农业占比较大，加快经济发展方式转变，从粗放式管理转向集约式管理，协调粮食与经济作物关系，对促进滇黔桂地区农业产业化、解决"三农"问题至关重要。积极发展特色农业，能显著提升滇黔桂地区农产品在国内外市场的竞争力，推动特色优势农产品出口，提升国际竞争力，从根本上转变经济发展方式，提高农产品科技含量，实现农村和农业经济可持续发展。

2.2.4 研究述评

梳理国内外相关研究，研究内容主要体现在三个方面：一是农业产业化发展有助于转变农业发展方式，推动农业经济发展；二是特色农业产业化对农民收入增长和农村经济发展具有积极促进作用；三是乡村振兴战略需要重塑现代化农业体系，其中产业发展是核心。然而，目前研究缺乏对特色农业产业化促进乡村振兴战略实施作用机理的全面梳理，致使研究成果针对性不足。因此，本书选取滇黔桂地区作为研究区域，聚焦特色农业产业化对乡村振兴战略的作用机理，采用理论分析与案例研究相结合的方法，期望为滇黔桂三省乡村振兴战略的顺利实施提供决策依据和科学建议。

第三章　滇黔桂革命老区特色农业资源概述

3.1　滇黔桂革命老区地理与气候条件

3.1.1　地形地貌

滇黔桂革命老区的地形地貌堪称错综复杂，山地、丘陵、高原、盆地相互交织，勾勒出一幅别具一格的地理画卷。

云南境内，地势恰似一条自西北向东南倾斜的巨龙，西北高而东南低。滇西北隶属横断山脉纵谷区，高山与深谷宛如亲密无间的孪生兄弟，紧紧相依。梅里雪山的主峰卡瓦格博峰，宛如一位巨人傲然挺立，海拔高达 6740 米，尽显雄伟之姿；近旁的澜沧江河谷却似大地的一道深邃沟壑，海拔约 1400 米。如此悬殊的海拔落差，仿佛是大自然精心调制的气候魔方，催生出极为显著的垂直气候差异，也孕育了丰富多彩的生物多样性。这得天独厚的地形条件，宛如为立体农业搭建了一座天然舞台。低海拔的河谷地带，仿若一个热气腾腾的大蒸笼，热量充裕，是香蕉、荔枝等热带水果的欢乐家园；海拔渐升，气温如同缓缓下降的电梯，到了中海拔区域，茶叶、核桃等经济作物在此安营扎寨，茁壮成长；高海拔山区则宛如一座冰雪城堡，气候酷寒，青稞等耐寒作物不畏严寒，在此地顽强扎根。

贵州素有"八山一水一分田"的美誉,高原与山地宛如这片土地的主角,占据主导地位。全省高原之上,峰林、溶洞、峡谷等典型的喀斯特地貌星罗棋布,犹如大自然精心雕琢的艺术品。喀斯特地貌的基石多为石灰岩,这种岩石恰似一块巨大的海绵,透水性超强,导致土壤保水能力欠佳。然而,大自然总是神奇而公平的,特殊的地质条件反而孕育出了适应这片土地的特色农产品。就拿贵州的金银花来说,它的根系犹如一条条坚韧的绳索,发达且有力,能够巧妙地深入石缝之中,汲取珍贵的水分与养分,在喀斯特山区遍地绽放。金银花不仅具备出色的药用价值,更成为当地农民增收致富的得力"法宝"。此外,柏木、黄连木等喜钙植物,也如同忠诚的卫士,在这片独特的土地上扎根生长,枝繁叶茂。

广西境内,山地和丘陵恰似一片绿色的海洋,占总面积的70%以上,而南部沿海地区则像是一片宁静的港湾,分布着较为平坦的平原。桂西地处云贵高原边缘,地势高耸,海拔在1000~1500米之间,犹如一位高冷的巨人;桂东、桂南地势则相对低洼,海拔一般在200~500米,恰似温柔的小个子。这种地形的起伏变化,使得水热条件如同调皮的精灵,分布极不均匀,对农业布局产生了深远影响。在山区,地势跌宕起伏,光照与温度如同乘坐垂直电梯,变化明显,这里成为林业以及八角、肉桂等特色经济作物的理想王国。这些香料作物漫山遍野,散发着迷人的香气。而在平原地区,土地平整开阔,水源犹如欢快的溪流,源源不断,是水稻、甘蔗等粮食作物和规模化经济作物的肥沃温床。广西的甘蔗种植规模宏大,面积和产量均雄踞全国首位,平原地区多且广是其主因。

3.1.2 气候特征

滇黔桂革命老区的气候类型丰富多样,宛如一个气候大观园,主要囊括亚热带季风气候、热带季风气候以及部分高原山地气候。

亚热带季风气候区在老区广泛分布,犹如一片温暖湿润的海洋。这里夏季炽热多雨,冬季则温和少雨。年平均气温在16℃~22℃之间徘徊,年降水量在1000~2000毫米之间跳跃。如此充沛的降水条件,恰似为农作物精心准备的成长盛宴。以水稻种植为例，充足的降水和宜人的温度，让这里的水稻一年能迎来两季甚至三季的丰收，粮食产量节节攀升。甘蔗同样是亚热带季风气候区的宠儿，广西作为我国甘蔗界的"霸主"，凭借这优越的气候条件，甘蔗种植面积与产量一路高歌猛进。柑橘在这种气候的滋养下，果实饱满圆润，糖分满满。广西的砂糖橘，凭借清甜多汁的口感，成为水果市场上的明星产品，畅销全国各地。夏季高温多雨、雨热同期的特点，犹如为农作物注入了一针生长兴奋剂，充足的光热水资源让农作物在这个时期尽情地进行光合作用，疯狂地积累物质。

受热带季风影响，在广西南部和云南南部部分地区，夏季炎热，年平均气温在22℃以上，气候分旱雨两季，年降水量在1500~2500毫米之间波动。如此独特的气候，让这片土地成为芒果、香蕉、菠萝等热带水果的梦幻天堂。云南的芒果，在充足光照与较大昼夜温差的精心呵护下，果实甜度爆表，口感绝佳，深受消费者追捧。此外，橡胶、咖啡等热带经济作物也在这里蓬勃生长，焕发出勃勃生机。云南的西双版纳地区，作为我国重要的天然橡胶生产基地，充足的热量和降水宛如为橡胶树量身定制的生长秘籍，助力其茁壮成长。

部分高原山地气候区，随着海拔的不断攀升，气温如同自由落体般逐渐降低，气候垂直变化显著，造就了"一山有四季，十里不同天"的奇妙景观。在云南的哀牢山地区，低海拔处温暖湿润，宛如进入春天的怀抱，是茶叶生长的绝佳之地，产出的茶叶品质上乘，香气四溢；高海拔地区则寒气逼人，恰似寒冬的世界，当归、天麻等耐寒中药材在此找到了属于自己的家园。然而，气候条件并非总是那么完美，由于受季风气候的影响，降水季节分配不均。雨季时，大量降水如同汹涌的洪水，可能引发洪涝灾害，无情地淹没农田，摧毁农作物；旱季时，降水稀少，容易导致土地干裂，严重影响农作物的正常生长与收成。因此，完善水利设施，提升应对灾害的能力，为该地区农业的稳定发展筑起一道坚固的防线至关重要。

3.2 滇黔桂革命老区农业资源禀赋

3.2.1 特色农产品资源

（1）云南花卉。享有"世界花园"美誉的云南，凭借其得天独厚的地理与气候条件，花卉产业呈现出一派欣欣向荣的景象。以昆明斗南花卉市场为核心枢纽，强大的辐射效应带动了周边地区的花卉种植蓬勃发展。这里四季如春的气候，充足的光照以及适宜的昼夜温差，如同为花卉生长量身定制一般，产出的花卉品质超凡，其色彩明艳动人、花型饱满圆润、花期持久绵长。在鲜切花领域，玫瑰、百合、康乃馨等产量名列前茅，每日都有大量鲜切花借助先进的冷链物流，源源不断地运往全国各地，甚至远销至东南亚、欧洲等国际市场，在国内市场占据超过70%的份额。此外，云南在花卉品种培育方面成绩斐然，培育出众多极具特色的花卉品种，云南山茶花便是其中的杰出代表，其花色丰富多样，涵盖红、白、粉等多种色彩，花瓣厚实，观赏价值极高，已成为云南花卉的一张亮丽名片。

（2）云南茶叶。云南作为世界茶树的重要原产地之一，茶叶种植历史源远流长。普洱茶声名远扬，主要产自西双版纳、普洱等地。云南大叶种茶树是制作普洱茶的优质原料，其茶叶内含物质极为丰富，茶多酚、咖啡碱含量颇高。制成的普洱茶口感醇厚顺滑，带有独特的陈香韵味，并且具有越陈越香的特性，在国内外茶叶市场备受追捧。除了普洱茶，滇红茶同样独具魅力。其外形条索紧结，汤色红亮夺目，香气高长悠扬，滋味浓醇鲜爽，在国际红茶市场稳稳占据一席之地，是中国出口红茶的重要品类之一。

（3）贵州中药材。贵州独特的喀斯特地貌与立体气候条件，孕育了极为丰富的中药材资源，素有"天然药物宝库"的美称。天麻、杜仲、太子参、黄精等中药材品质上乘。以大方天麻为例，由于其生长环境海拔较高，气候凉爽湿润，使得天麻素含量显著高于其他地区，药效十分显著，因而在中药材市场广受认可。贵州大力推进中药材种植基地建设，通过规范化种植管理，确保了中药材质量的稳定性，成功构建起从种植、加工到销售的完整产业链，产品畅销全国各大中药制药企业。

（4）贵州辣椒。贵州作为我国知名的辣椒产区，辣椒种植历史悠久，且品种繁多。遵义朝天椒以其红亮的色泽、适中的辣度和浓郁的香味声名远播，是制作贵州特色辣椒酱的关键原料，深受消费者青睐。贵州辣椒不仅在国内市场占据一定份额，还成功打入东南亚、欧洲等国际市场。当地围绕辣椒大力发展精深加工产业，精心开发出辣椒干、辣椒粉、辣椒油、辣椒酱等一系列丰富多样的产品，极大地提升了辣椒产业的附加值，有力地推动了农民增收以及地方经济的发展。

（5）广西水果。广西温暖湿润的气候条件，使其成为水果生长的理想之地。芒果、荔枝、龙眼、香蕉等热带、亚热带水果品质优良。百色芒果以其硕大的个头、极高的甜度和极少的纤维在全国闻名，田东香芒更是芒果中的精品。每到芒果成熟的季节，都会吸引大批客商纷至沓来。广西水果种植规模宏大，产量持续攀升，并且不断积极引进和培育新品种，进一步提升水果品质和市场竞争力。通过电商平台以及冷链物流等现代化销售渠道，各市场将新鲜采摘的水果快速运往全国各地，充分满足消费者的需求。

（6）广西蔗糖。广西是我国当之无愧的最大蔗糖生产基地，甘蔗种植面积和蔗糖产量已连续多年位居全国首位。这里光照充足、雨量充沛、土壤肥沃，为甘蔗生长提供了绝佳的自然条件。甘蔗种植主要集中在南宁、柳州、崇左等地。当地持续推广甘蔗新品种以及先进的种植技术，有效提高了甘蔗的单产和含糖量。广西蔗糖产业高度发达，拥有众多实力强劲的制糖企业，构建了从甘蔗种植、制糖到蔗糖深加工的完整产业链，产品不仅充分满足国内市场需求，还出口到多个国家和地区。

3.2.2 农业资源的多样性与优势

1. 资源多样性

滇黔桂革命老区的农业资源丰富多样，令人瞩目。从农产品种类来看，涵盖了花卉、茶叶、中药材、水果、蔗糖等多个品类，能够全方位满足不同消费者的需求。在品种方面，每个品类下细分品种众多。以云南花卉为例，拥有上千个品种，仅玫瑰就包含卡罗拉、蜜桃雪山等数十种热门品种，可充分满足不同消费者对花色、花型、香味的多样化喜好。茶叶品类丰富，有普洱茶、滇红茶等不同茶类，普洱茶又细分为生普和熟普，且不同山头的普洱茶风味各异，如老班章普洱茶，以其霸气浓郁的口感和独特茶香闻名遐迩。贵州的中药材资源同样惊人，有4000多种，约占全国中药材种类的四成，药用植物、动物、矿物等各类资源一应俱全。广西的水果品类丰富，有芒果、荔枝、龙眼等多种热带亚热带水果，芒果中又包含台农芒、青皮芒、金煌芒等，不同品种在口感、甜度、成熟时间上各具特色。

这种多样性还鲜明地体现在种植区域的差异上。在云南的横断山脉地区，随着海拔高度的变化，从河谷到高山依次分布着热带水果、亚热带水果、温带水果以及茶叶、中药材等。在贵州的喀斯特山区，基于土壤和气候特点，适合种植续断等喜钙、耐旱的中药材。而广西的平原地区，凭借肥沃的土地和充足的水源，成为甘蔗、香蕉等农作物的主要产区，山区则以荔枝、龙眼等果树种植为主。

2. 市场竞争优势

资源的多样性赋予了滇黔桂革命老区在市场竞争中显著的差异化优势。不同特色农产品精准满足了市场多样化的需求，有效避免了产品同质化竞争。例如，云南的花卉凭借高品质和丰富品种，在高端花卉市场站稳脚跟。在国际市场上，云南鲜切花借助先进的冷链物流技术，能迅速运往欧洲、亚洲等多个国家和地区。每逢情人节、母亲节等重要节日，大量高品质玫瑰、百合等花卉密集出口，满足国际市场对高品质花卉的旺盛需求。

贵州的中药材依托独特的地理环境和道地品质，在中药市场拥有较高的知名度和美誉度。随着中医药在全球范围内的认可度不断提升，贵州中药材出口量逐年递增。以杜仲为例，作为贵州的道地药材，其提取物在保健品、化妆品等领域得到广泛应用。凭借优质的原料供应，贵州与国内外众多知名企业建立了长期稳定的合作关系。

广西的水果和蔗糖凭借规模优势和优良品质，在国内和国际市场展现出较强的竞争力。广西芒果种植面积达 300 万亩，产量逐年上升，通过电商平台和冷链物流，新鲜芒果能够迅速送达全国各地消费者手中。同时，广西蔗糖产业持续升级，在国际食糖市场也占据一定份额，与巴西、印度等传统蔗糖生产大国展开有力竞争。

此外，老区生态环境优良，大部分特色农产品具有绿色、有机的特点。云南花卉采用绿色防控技术防治病虫害，严格控制农药使用，生产的花卉达到绿色食品标准。贵州中药材在种植过程中遵循自然规律，减少化肥使用，确保药材的天然品质。广西水果推行绿色种植理念，果园生态环境良好，产出的水果更契合当下消费者对健康食品的追求，在市场上更具吸引力，能够获取更高的市场份额和经济效益。随着健康消费市场的持续扩张，滇黔桂革命老区的特色农产品有望在市场竞争中占据更大优势。

3.3　滇黔桂革命老区文化资源与农业的融合

3.3.1　民俗文化

滇黔桂地区作为多民族聚居的老区，民俗文化丰富多彩，这些民俗文化与农业生产相互交织，共同构筑了极具特色的地域文化景观。

在云南，彝族的火把节堪称盛大的节日盛事，且与农业生产有着千丝万缕的联系。火把节一般在农历六月二十四举行，彼时正值农作物生长的关键节点。节日期间，人们手持熊熊燃烧的火把，围绕农田巡游。熊熊火把象征着光明与力量，人们以此寓意驱虫除害，期望庄稼能免受病虫害的侵袭，顺利迎来丰收年。傣族的泼水节同样意义非凡，它不仅是祝福与吉祥的象征，更是当地农耕文化的生动写照。泼水节恰值春耕时节，人们相互泼水，水花飞溅间，传递着对风调雨顺的殷切期愿，为新一年的农业生产营造了良好开端。此外，云南少数民族的传统农耕习俗也令人称奇，以哈尼族的梯田耕作最为典型，层层叠叠的梯田，沿着山势蜿蜒而上，这一伟大的农业生产创举，饱含着人与自然和谐共生的深邃智慧，完美展现了对土地、水源等自然资源的精妙利用。

贵州的苗族、侗族等民族，拥有别具一格的农事节庆与传统技艺。苗族的姊妹节充满浪漫色彩，节日里，苗族姑娘们精心制作五彩糯米饭。这一美食可不简单，其制作原料皆取自当地农作物，淋漓尽致地体现了对农业食材的巧妙运用以及深厚的文化传承。侗族的稻田养鱼传统更是生态农业的典范，将水稻种植与鱼类养殖巧妙结合。鱼在稻田中自在觅食，既能减少害虫和杂草滋生，其排泄物又为水稻提供了天然优质肥料，形成了精妙的生态循环农业生产模式。这一模式还催生出独特的饮食文化和民俗活动，吃鱼节便是其中的代表。

广西壮族的三月三歌圩节，是一场集歌会、祭祀、社交等活动于一体的传统盛会。在这一天，人们不仅对歌、跳舞、尽情欢娱，还会制作五色糯米饭、艾叶糍粑等特色美食。这些美食的原料大多源自当地农产品，生动展现了农业与文化的深度融合。此外，广西的壮锦制作工艺别具匠心，其图案多取材于自然界的动植物，像稻穗、莲花等元素频繁出现，深刻反映出壮族人民对农业生活的细致观察与热爱之情，也彰显了农业文化在传统手工艺中的深刻渗透。

3.3.2 文化资源对农业产业的促进作用

（1）品牌塑造与文化附加值提升。滇黔桂地区得天独厚的文化资源，为特色农产品赋予了独一无二的文化内涵，有力助推了具有地域特色和深厚文化底蕴的农产品品牌打造。以云南普洱茶为例，其背后沉淀着千年茶文化，从茶叶的采摘，到独特的制作工艺，再到品饮文化，处处彰显着深厚的历史底蕴。通过深入挖掘并广泛传播普洱茶文化，将茶文化与茶叶品牌紧密融合，大幅提升了普洱茶的品牌价值和市场竞争力，使其在国内外茶叶市场中崭露头角。同样，贵州的都匀毛尖，凭借自身独特的茶文化与精湛制作工艺，成功跻身中国十大名茶之列。文化元素为茶叶品牌注入了灵魂，极大地提高了产品附加值。

（2）产业拓展与多元化发展。文化资源为农业产业的多元化发展注入了强劲动力。以民俗文化为基石，乡村旅游、休闲农业等新型业态蓬勃兴起。在云南元阳哈尼梯田，游客不仅能领略到波澜壮阔的梯田景观，还能沉浸式体验哈尼族的传统农耕文化，亲身参与梯田插秧、收割等农事活动，品尝哈尼族特色美食，购买梯田红米等特色农产品。这种将农业与文化、旅游有机结合的发展模式，有效延长了农业产业链，切实增加了农民收入。广西的龙脊梯田，依托壮族、瑶族的民俗文化，精心开发了民俗表演、农家乐、民宿等旅游项目，实现了农业与文化旅游产业的深度交融，有力促进了当地经济发展。

（3）市场吸引力与消费拉动。文化资源具有强大的魅力，能够吸引众多消费者的目光，充分激发他们的消费欲望。滇黔桂地区独特的民俗文化和美食文化，吸引了大批游客和消费者前来体验、购买特色农产品。贵州的酸汤鱼，作为苗族的特色佳肴，凭借独特风味和饮食文化，吸引了无数游客慕名前来品尝，同时也带动了当地鱼类、辣椒等农产品的销售。广西的螺蛳粉，以其独特的文化魅力和诱人口味，不仅在国内引发消费热潮，还成功走向国际市场，成为广西极具影响力的美食名片，有力推动了当地米粉、螺蛳、酸笋等农产品的产业化进程。通过文化资源的广泛传播与推广，特色农产品的市场知名度和美誉度显著提升，为农业产业发展注入了源源不断的活力。

第四章 滇黔桂革命老区特色农业产业发展现状[①]

4.1 滇黔桂革命老区特色农业产业发展现状概述

4.1.1 产业规模与布局

4.1.1.1 产业规模

近年来，滇黔桂革命老区特色农业产业规模呈现出稳步增长的态势。从种植面积来看，云南花卉种植面积持续扩大，截至 2024 年，全省花卉种植面积接近 200 万亩，较 2020 年增长了 15%。花卉产业总产值也逐年攀升，达到 1400 亿元，鲜切花产量更是占据全国市场份额的 70% 以上，出口额也在不断增加，成为云南农业经济的重要增长点。云南茶叶种植同样成绩斐然，种植面积达 750 万亩，茶叶产量 55 万吨，普洱茶、滇红茶等特色茶叶品牌在国内外市场知名度不断提高，茶叶产业综合产值突破 1400 亿元。

[①] 本章主要参考：潘柳榕、龚林：《科技金融与经济高质量发展互动机制研究——以滇黔桂 15 个地区为例》，《资源开发与市场》2024 年第 7 期；李庆萍：《乡村振兴背景下政府推进地方特色农业产业发展的效能研究》，广西大学 2024 年博士学位论文；2024 年度《中国有机产品认证与有机产业发展》报告及滇黔桂三地农业农村厅、发改委、统计局等官网发布的相关数据。

贵州中药材种植规模日益壮大，种植面积超过 750 万亩，形成了多个中药材种植基地，如大方天麻种植基地、施秉太子参种植基地等。中药材产量达到 55 万吨，产值 220 亿元，带动了当地众多农户增收致富。辣椒作为贵州的特色农产品，种植面积达 600 万亩，产量 1500 万吨，辣椒产业总产值 350 亿元以上，不仅在国内市场占据重要地位，还远销海外。

广西水果种植规模庞大，芒果、荔枝、龙眼、香蕉等水果种植面积累计超过 2000 万亩。其中，芒果种植面积 300 万亩，产量 200 万吨；荔枝种植面积 400 万亩，产量 150 万吨。水果产业总产值达 800 亿元，成为农民增收的重要来源。蔗糖产业方面，广西甘蔗种植面积稳定在 1200 万亩左右，蔗糖产量连续多年位居全国首位，达到 8000 万吨，制糖产业总产值达 500 亿元，产业规模优势明显。

4.1.1.2　产业布局

在云南，花卉产业主要集中在昆明、玉溪、曲靖等地，昆明斗南作为亚洲最大的鲜切花交易市场，周边形成了庞大的花卉种植产业带，辐射带动周边地区花卉种植业发展。茶叶产业则分布在西双版纳、普洱、临沧等地，这些地区独特的气候和土壤条件，为优质茶叶的生长提供了良好环境，形成了各具特色的茶叶产区，如西双版纳的普洱茶产区、临沧的滇红茶产区。

贵州中药材种植根据不同品种和地理条件分布广泛，黔西北的毕节地区适合天麻、半夏等中药材种植，黔东南的施秉县是太子参的主要产区，黔南的罗甸县则以艾纳香种植为主。辣椒种植主要集中在遵义、毕节、安顺等地，遵义朝天椒以其独特品质闻名遐迩，围绕遵义形成了辣椒种植、加工、销售的产业集群。

广西水果种植布局各有侧重，芒果种植主要集中在百色地区，百色独特的气候条件使得芒果品质优良，产量高；荔枝、龙眼主要分布在桂东南地区，如玉林、钦州等地；香蕉则集中在南宁、崇左等地；蔗糖产业主要分布在南宁、柳州、崇左、来宾等桂中、桂南地区，这些地区地势平坦，土壤肥沃，光照充足，适宜甘蔗生长，形成了规模化的甘蔗种植和制糖产业布局。

4.1.2　产业类型与特色

4.1.2.1　主要产业类型

（1）花卉产业。云南凭借得天独厚的气候条件，成为我国花卉产业的核心区域。这里拥有极为丰富的花卉种质资源库，不仅原生花卉种类繁多，还通过持续不断的科研投入，每年从国内外引进大量新的花卉品种进行培育和驯化。截至 2024 年，云南花卉种植的品种已超过 3000 种，涵盖了从鲜切花到盆栽植物的各个领域。在种植技术上，云南大力推广现代化的温室栽培技术，通过智能温控系统，精准调控温室内的温度、湿度和光照，确保花卉全年都能在最适宜的环境中生长。例如，在昆明的呈贡花卉种植基地，利用无土栽培技术，不仅提高了花卉的品质，还将产量提升了30%。这些精心培育的花卉，花型饱满，色彩鲜艳，花期相较于传统种植方式延长了 7 天左右。据昆明海关统计，2024 年云南省鲜切花出口值达7.6 亿元，同比增长 34.2%，[①] 在国际高端花卉市场上，云南花卉占据了80%的市场份额，成为我国花卉出口的主力军。

（2）茶叶产业。云南的茶叶产业历史悠久，底蕴深厚。普洱茶以云南大叶种晒青毛茶为原料，其独特的渥堆发酵工艺是经过数百年传承与改良而来的。在发酵过程中，微生物的参与使得茶叶内部发生复杂的生化反应，形成了普洱茶独特的风味和越陈越香的特性。优质的普洱茶，汤色红浓如宝石，滋味醇厚悠长，回甘持久，香气层次丰富，融合了陈香、木香、樟香等多种香气。滇红茶则以其精湛的制作工艺著称，从鲜叶采摘到萎凋、揉捻、发酵、干燥，每一个环节都严格把控。其条索紧结，金毫显露，在阳光下闪烁着金色的光芒。冲泡后，汤色红亮，香气高长，带有独特的果香和蜜香，滋味浓醇，深受国内外消费者喜爱。2024 年，云南茶叶

---

① 戴玮琪、郜晋亮：《2024 年云南省鲜切花出口值 7.6 亿元》，《农民日报》2025年 2 月 5 日，第 6 版。

种植面积达750万亩，茶叶产量55万吨，云南高原特色农业优势明显，茶叶的种植面积和产量均居全国第一位，出口量逐年递增，在国际红茶市场占据了15%的份额。

（3）中药材产业。贵州复杂的喀斯特地貌和立体气候条件，造就了丰富多样的生态环境，成为中药材生长的天然宝库。全省已查明的中药材种类超过4800种，其中天麻、杜仲、太子参、黄精等道地药材品质上乘，闻名遐迩。以大方天麻为例，大方县海拔在1500~2300米，气候凉爽湿润，独特的地理环境使大方天麻的天麻素含量高达0.5%，比国家标准高出0.2%。在种植过程中，贵州大力推广绿色生态种植理念，采用林下仿野生种植、病虫害绿色防控等技术，减少农药和化肥的使用，确保药材的天然品质和药效。2024年，贵州省中药材种植面积超过750万亩，成为全国重要的中药材生产基地。

（4）辣椒产业。贵州辣椒产业以其丰富的品种和独特的风味而闻名全国。遵义朝天椒、花溪辣椒等品种各具特色。遵义朝天椒辣度适中，香味浓郁，具有独特的焦香风味；花溪辣椒则色泽红亮，辣中带甜，口感醇厚。这些辣椒是制作各类辣椒制品的优质原料，从传统的辣椒酱、辣椒粉，到现代的辣椒休闲食品，如辣椒脆片、辣椒牛肉干等，产品种类繁多。在种植模式上，贵州充分利用山地资源，采用套种、轮作等方式，如辣椒与玉米、大豆套种，不仅提高了土地利用率，还通过生物多样性减少了病虫害的发生，降低了农药使用量。目前，贵州辣椒种植面积稳定在600万亩左右，产量达到1500万吨，辣椒产业总产值突破350亿元。

（5）水果产业。广西地处亚热带和热带地区，气候温暖湿润，是水果生长的天堂。芒果、荔枝、龙眼、香蕉等热带、亚热带水果种类齐全，品质优良。百色芒果以其个头硕大，平均单果重可达500克，甜度高，可溶性固形物含量达到18%以上，纤维少，肉质细腻而闻名。得益于当地独特的气候和土壤条件，百色芒果的上市时间比其他产区晚3~4周，错峰上市，在市场上具有较强的价格优势。荔枝、龙眼则以果肉晶莹剔透，汁多味甜，香气浓郁著称，如桂味荔枝，带有独特的桂花香气，深受消费者喜

39

爱。香蕉种植区域广泛，规模化种植程度较高，采用标准化的种植管理技术，产量稳定，平均亩产量达到 3~4 吨。

（6）蔗糖产业。广西是我国最大的蔗糖生产基地，甘蔗种植面积占全国的 60% 以上，产量连续多年位居全国首位。甘蔗品种优良，新台糖系列、桂糖系列等品种含糖量高，平均含糖量达到 14%。在种植过程中，广西大力推进机械化作业，甘蔗耕种收综合机械化率已超过 70%，大大提高了生产效率。[①] 同时，通过科学施肥、精准灌溉等技术，提高了甘蔗的产量和质量。制糖产业发达，拥有先进的制糖工艺和设备，从甘蔗压榨、澄清、蒸发、结晶到分蜜，每一个环节都实现了自动化和智能化控制，生产的蔗糖产品质量稳定，在国内和国际市场上占据重要地位，出口量占全国蔗糖出口量的 30%。

4.1.2.2　产业特色与优势

（1）花卉产业。云南花卉产业在区域经济中扮演着举足轻重的角色，是重要的经济支柱之一。它的发展带动了一系列相关产业的协同发展，从种苗培育、种植、包装材料生产到物流运输、花卉销售，形成了完整的产业链。据统计，云南花卉产业直接和间接创造的就业岗位超过 50 万个，为当地劳动力提供了丰富的就业机会。花卉出口额逐年攀升，在 2024 年达到 7.6 亿元，[②] 提升了云南在国际花卉市场的知名度和影响力。此外，花卉产业与旅游观光、文化创意等产业深度融合，昆明斗南花卉市场不仅是亚洲最大的花卉交易中心，还成为热门的旅游景点，每年吸引游客超过 500 万人次，带动了周边餐饮、住宿等服务业的发展，进一步促进了区域经济的繁荣。

（2）茶叶产业。云南茶叶产业是当地农民增收的重要来源，为茶农提供了稳定的收入渠道。同时，它带动了茶叶加工、销售、茶文化传播等产

---

① 岑琴、刘晓彤、阳继乐：《食糖产量连续 20 个榨季占全国六成！广西交出"甜蜜"成绩单》，《广西日报》2024 年 6 月 20 日，第 1 版。

② 戴玮琪、郜晋亮：《2024 年云南省鲜切花出口值 7.6 亿元》，《农民日报》2025 年 2 月 5 日，第 6 版。

业的全面发展。普洱茶、滇红茶等品牌通过不断的品牌建设和市场推广，在国内外市场的知名度和美誉度不断提高。茶叶深加工产品不断涌现，如茶饮料、茶多酚提取物、茶保健品等，进一步提升了茶叶产业的附加值。茶文化旅游也成为新的经济增长点，西双版纳的茶山旅游，每年接待游客超过300万人次，游客可以亲身参与茶叶采摘、制作过程，体验深厚的茶文化底蕴，带动了当地民宿、餐饮等产业的发展，推动了区域经济的多元化发展。

（3）中药材产业。贵州中药材产业是当地特色优势产业之一，对区域经济发展贡献显著。通过中药材种植、加工和销售，带动了贫困地区农民脱贫致富。据统计，中药材产业帮助50万贫困人口实现脱贫。中药材加工企业不断发展壮大，全省规模以上中药材加工企业超过200家，增加了地方财政收入。同时，中药材产业的发展推动了贵州医药产业的崛起，在全国医药行业中的地位不断提升，吸引了大量的科研机构和企业入驻，促进了医药科技创新和产业升级。

（4）辣椒产业。贵州辣椒产业在区域经济中具有独特优势，围绕辣椒形成了种植、加工、销售、科研等完整的产业链。辣椒制品畅销全国，覆盖了90%以上的省市自治区，部分产品还出口到东南亚、欧洲、美洲等国际市场，年出口额达到10亿元。辣椒产业的发展带动了包装、物流、电商等相关产业的发展，创造了超过30万个就业岗位，成为贵州农村经济发展的重要引擎。此外，贵州还通过积极举办辣椒产业博览会等活动，加强与国内外同行的交流与合作，提升了贵州辣椒在国际市场的知名度和影响力。

（5）水果产业。广西水果产业是农民增收的重要途径，规模化的水果种植和销售，带动了当地农业经济的快速发展。水果加工产业不断壮大，开发出水果罐头、果汁、果脯、水果干等多种产品，水果加工转化率在35%以上，提高了水果的附加值。同时，水果产业的发展促进了冷链物流、电商等行业的发展。广西水果通过电商平台的销售额逐年递增，在2024年达到80亿元，推动了区域经济的多元化发展。此外，水果采摘体验、水果文化节等乡村旅游活动也日益兴起，每年吸引游客超过200万人次，进一步拓展了水果产业的发展空间。①

（6）蔗糖产业。广西蔗糖产业在全国蔗糖市场占据主导地位，对区域经济发展起到了重要的支撑作用。甘蔗种植和制糖产业为当地提供了大量的就业岗位，从蔗农、甘蔗收割工人到制糖企业的技术人员、管理人员，涉及人数超过100万人。制糖企业的发展带动了上下游产业的协同发展，如甘蔗种苗培育、农资供应、糖产品深加工等，形成了产业集群效应。糖产品深加工开发出了木糖醇、焦糖色素、生物乙醇等多种产品，进一步延伸了产业链，提高了产业附加值，促进了区域经济的繁荣。

4.1.3　产业发展模式

4.1.3.1　传统农业模式

在滇黔桂革命老区的部分地区，传统农业模式依旧存续。这种模式以家庭为核心生产单元，人力与畜力构成了主要动力来源。在山区，农民遵循传统，使用锄头翻耕土地，依靠耕牛拉动犁具进行深耕作业，这一过程不仅耗时费力，而且耕种效率较低。灌溉时，多采用人工挑水的方式，劳动强度大且灌溉范围有限，难以满足农作物在不同生长阶段对水分的需求。施肥方面，主要依赖农家肥，如人畜粪便、秸秆堆肥等。农家肥虽绿色环保，能改善土壤结构，但其肥力释放缓慢，难以精准匹配作物生长的关键时期需要，导致肥力供应在精准度和时效性上存在明显短板。

从种植结构来看，传统农业主要聚焦于水稻、玉米等粮食作物，以满足家庭的基本生活需求。这种单一的种植结构，使得土地资源利用效率不高，无法充分发挥当地的自然和气候优势。同时，由于土地细碎化，每户农民拥有的耕地面积较小，难以开展大规模、标准化的农业生产，无法形成规模化效应，导致生产成本居高不下，农产品的市场竞争力较弱。在销

---

① 李志雄、雍艳香、许丹婷：《小水果如何产出"大效益"》，《广西日报》2024年9月8日，第12版。

售环节，农民往往将农产品直接运往当地农贸市场售卖，缺乏有效的市场信息获取渠道，难以把握市场价格波动，在交易中处于被动地位，缺乏议价能力。面对市场价格的大幅波动或自然灾害的冲击，农民抵御风险的能力极为有限。

不过，传统农业模式在生态和文化层面具有独特价值。在长期的农业生产实践中，农民与自然建立了和谐共生的关系，传统的农耕方式对自然资源的索取适切，有助于维护当地的生态平衡。此外，传统农业保留了众多特色种植品种，如一些古老的水稻品种，它们蕴含着丰富的遗传基因，具有独特的抗逆性和品质特性。同时，传统的农耕习俗，如特定的播种、收获仪式等，承载着深厚的地域文化，是当地农耕文化传承的重要载体。

4.1.3.2 现代农业模式

其一，生态农业模式。近年来，生态农业模式在滇黔桂革命老区得到广泛推广，成为推动农业可持续发展的重要力量。该模式以生态学和生态经济学原理为指导，致力于构建农业生态系统的平衡，实现资源的高效循环利用与生态环境保护的有机统一。

在云南的花卉种植区，"花卉—沼液—蔬菜"的生态循环模式成效显著。花卉生产过程中会产生大量的残花、落叶以及废弃的培养基质等废弃物。通过厌氧发酵技术，这些废弃物被转化为富含氮、磷、钾等营养元素的沼液。将沼液科学地应用于蔬菜种植，替代部分化肥，不仅减少了化肥的使用量，降低了农业面源污染，还能为蔬菜生长提供全面、均衡的养分，促进蔬菜根系发达、植株健壮，提高蔬菜的品质和产量。经检测，采用沼液施肥的蔬菜，维生素含量提高了 10%~15%，农药残留量降低 30% 以上。

在广西的水果种植区，"果—草—牧—沼—果"的生态农业模式形成了完整的生态循环体系。在果园内种植优质牧草，如黑麦草、苜蓿等，这些牧草不仅能保持水土，还为牲畜养殖提供了丰富的饲料来源。养殖的牲畜产生的粪便收集后进入沼气池，在厌氧环境下，经过微生物的分解发酵，产生沼气和沼肥。沼气作为清洁能源，可用于农户的生活能源，如照明、做饭等，降低了对传统化石能源的依赖。沼肥富含多种微量元素，回田用于果树施肥，能够改善土壤结构，提高土壤肥力，增强果树的抗病虫害能力，进而提升水果的产量和品质。据统计，采用该模式的果园，水果产量平均提高了 15%~20%，果实的糖分含量提高了 2~3 个百分点。

其二，观光农业模式。随着人们生活水平的提升和对乡村旅游需求的日益增长，观光农业在滇黔桂革命老区呈现出蓬勃发展的态势。它将农业生产与旅游观光有机融合，拓展了农业的多功能性，为农民增收开辟了新途径。

在贵州的茶叶产区，当地依托丰富的茶叶资源，打造了集茶叶采摘、制茶体验、茶文化展示、休闲度假于一体的观光茶园。游客可以亲身参与茶叶采摘活动，在专业茶农的指导下，学习如何采摘鲜嫩的茶叶，感受劳动的乐趣。随后，游客可以走进传统的制茶车间，体验从杀青、揉捻到干燥等一系列制茶工艺，了解茶叶从鲜叶到成品的制作过程。在茶文化展示区，通过实物展示、图文介绍和茶艺表演等形式，游客可以深入了解悠久的茶文化，感受茶文化的博大精深。此外，茶园周边还配套建设了特色民宿，游客可以在这里休憩度假，品尝当地的农家美食，欣赏乡村的自然风光，享受宁静惬意的乡村生活。据不完全统计，这些观光茶园每年接待游客数量可达数万人次，为当地农民带来了可观的旅游收入，人均增收 2000~3000 元。

在云南的花卉种植区，大型花卉主题公园成为吸引游客的热门景点。公园内汇聚了各类珍稀花卉，涵盖了国内外众多花卉品种，如荷兰的郁金香、日本的樱花等。公园定期举办花卉展览，展示不同季节、不同品种花卉的独特魅力，吸引了大量花卉爱好者和游客前来观赏。同时，公园还开展花卉科普活动，通过专业讲解、科普展览等形式，向游客普及花卉的种植知识、养护技巧以及花卉文化，提高游客对花卉的认知和欣赏水平。花卉主题公园的建设，不仅实现了农业与旅游业的深度融合，还带动了周边餐饮、住宿、交通等相关产业的发展，创造了大量的就业机会，有力地促进了当地经济的发展。

其三，智慧农业模式。借助现代信息技术的飞速发展，智慧农业模式在滇黔桂革命老区崭露头角，为农业现代化注入了新的活力。

在广西的甘蔗种植基地，物联网技术得到广泛应用。在田间安装的各类传感器，如土壤湿度传感器、肥力传感器、气象传感器等，能够实时采集土壤湿度、肥力、温度、光照、降雨量等信息，并通过无线传输技术将这些数据实时传输到数据中心。数据分析系统对采集到的数据进行分析处理，根据甘蔗不同生长阶段的需水、需肥规律，精准控制灌溉和施肥设备，实现了对水资源和肥料的高效利用。例如，通过精准灌溉，可使水资源利用率提高 30%~40%，减少了水资源的浪费；精准施肥则能使肥料利用率提高 20%~30%，降低了生产成本。同时，利用无人机搭载高清摄像头和多光谱传感器，可对甘蔗进行病虫害监测。无人机能够快速、全面地对大面积甘蔗田进行巡查，一旦发现病虫害迹象，及时发出预警，并通过无人机进行精准施药防治，大大提高了作业效率，减少了农药的使用量。

在云南的花卉种植中，大数据和人工智能技术发挥了重要作用。通过收集和分析市场上花卉的价格走势、销售数据、消费者偏好等信息，经营户利用大数据分析模型预测市场需求，指导花卉种植户调整种植品种和规模。例如，根据大数据分析结果，发现市场对某种新型花卉品种的需求呈上升趋势，种植户及时调整种植结构，增加该品种的种植面积，避免了盲目生产导致的市场供需失衡。同时，利用人工智能技术对花卉生长环境进行智能调控，根据花卉的生长状态和环境参数，自动调节温室的温度、湿度、光照等条件，为花卉生长创造最佳环境，实现了精准生产，有效降低了市场风险，提高了花卉种植的经济效益。

4.2 滇黔桂革命老区各个特色农业产业发展现状分析

滇黔桂革命老区特色农产业种类繁多，产业发达，相同区域内特色农产业存在你中有我、我中有你的现象，现以广西地区为例，分析该地特色农产业发展现状，借以管中窥貌，了解滇黔桂革命老区特色农产业发展现状。

4.2.1 糖料蔗产业

制糖业堪称广西最具区域特色的优势产业。当下，广西稳坐全国最大甘蔗种植区的宝座，蔗糖单产持续稳定在全国总量的60%以上。其优势产区主要集中于崇左市、来宾市、柳州市等区域。近年来，广西致力于提升甘蔗单产与蔗糖含量，成果显著，蔗糖单产已连续多年位居全国之首。

自2015年起，广西整合中央支持的30亿元资金以及各级财政超150亿元资金，全力建设"双高"糖料蔗核心基地，收获了良好的经济效益，成功达成每年蔗糖入榨量5000万吨、产糖600万吨的目标。从产量数据来看，参考表4-1，2019—2023年间，广西甘蔗产量有起有伏。2019年，甘蔗产量为7490.65万吨；2020年，产量降至7412.47万吨；2021年进一步下滑至7365.11万吨；2022年，产量为7116.54万吨；到了2023年，产量回升至7223.21万吨，整体呈现出波动变化的态势。

在产业拓展与升级方面，北海市划出38万亩土地作为糖料蔗区，其中打造了6.9万亩的"双高"糖料蔗区。北海市积极推行甘蔗生态循环技术，极大提高了蔗渣利用率，还成功引进一批颇具规模的龙头企业，并依托这些企业建立了"万华农业秸秆综合利用"生态产业园，构建起完整产业链。钦州市则发布《加快推进糖料蔗生产机械化发展的实施方案》，大力推动糖产业机械化进程，有效降低生产成本，加速糖产业的转型升级。

表4-1 广西2019—2023年甘蔗产量   单位：万吨

年份	2019	2020	2021	2022	2023
产量	7490.65	7412.47	7365.11	7116.54	7223.21

数据来源：国家统计局

4.2.2　薯类产业

广西作为养猪大省，畜禽饲料以薯类为主。广西薯类种植历史悠久，主要包括木薯、甘薯和马铃薯，桂南地区的南宁、贵港、梧州、玉林、钦州、崇左、北海等地是主产区。

马铃薯多用于冬播；红薯产自钦州、梧州、贵港、北海、玉林、贺州、防城港等市；木薯主产于玉林、钦州等地。广西是全国最大的木薯生产基地，种植面积和加工量约占全国的 70%，堪称真正的"特色"产业。2023 年，广西木薯种植面积达 415.7 万亩，产量为 228.6 万吨。例如，桂平市 2023 年木薯种植面积 24.7 万亩，亩均产量 2.6 吨，良种覆盖率超95%，其中 22.3 万亩采用间套种技术；防城港市防城区大箓镇大箓村全村种植木薯 500 多亩，2023 年产量超 300 万斤，产值约 300 万元。

广西防城港东兴的红姑娘番薯，距今已有 200 余年历史，是中国地理标志保护产品，被誉为东兴"三宝"之一。2023 年，经农技人员在东兴市江平镇贵明村测产，红姑娘红薯亩产最高达 1800 公斤。此外，2023 年 12月，扶绥县昌平乡种植的 50 亩红薯开始进入收获期，亩产约 2500 公斤；大新县广西万融农业发展有限公司 2023 年在桃城镇宝贤村种植秋红薯 252.27 亩，平均亩产量为 1609.4 公斤。

木薯主要用于制作乙醇，这使广西在可再生资源和新能源发展中占据重要地位。除工业用途外，木薯富含多种营养成分，可直接煮熟食用，也能加工成木薯粉制作糕点、糍粑等美食。

4.2.3　水果产业

广西作为我国果品主产区，桂林、河池、玉林、梧州、贺州、南宁、钦州、百色等地均有独具地方特色的果品。近年来，水果业已被列为广西六大支柱产业之一，极大地推动了香蕉、芒果等主要经济作物的迅猛发展。广西率先达成我国果品生产突破 2000 万吨的目标，水果产业持续蓬勃发展。从表 4-2 数据可知，2019—2023 年间，广西果园面积从 2019 年的

47

1331.88 千公顷稳步增长至 2023 年的 1406.02 千公顷，水果产量也从 2019 年的 2472.13 万吨一路攀升至 2023 年的 3553.21 万吨，稳居全国前列。

北海市在合浦县建成柑橘、火龙果生产基地，在银海区开展西瓜、香瓜等设施栽培，初步构建起以合浦利添水果中心示范园区为核心的种植体系。钦州是广西重要的果品产地，荔枝、火龙果等种植颇具规模，在种植面积和单位产量方面表现突出。以荔枝为例，钦州拥有丰富的荔枝资源，在广西荔枝产业中占据重要地位。

表 4-2　广西 2019—2023 年果园面积和水果产量

年份	2019	2020	2021	2022	2023
面积（千公顷）	1331.88	1352.57	1389.32	1405.35	1406.02
产量（万吨）	2472.13	2785.74	3121.13	3402.46	3553.21

数据来源：国家统计局

在品牌建设上，广西水果表现亮眼。比如灵山荔枝，曾因个大质优引发广泛关注，进一步提升了其在国内的知名度。如今，广西水果产业不断向规模化、集约化迈进，已形成多个优势水果生产基地，在全国水果市场中占据重要地位，为推动地方经济发展和农民增收发挥着关键作用。

4.2.4　桑蚕产业

蚕桑是广西规模达五百亿元以上的产业。广西种桑养蚕的历史非常悠久，其中 70% 以上的蚕桑来源于桂西北河池和百色。桂中来宾、柳州，桂南南宁、贵港，也是以发展高产、高效、抗虫为主的蚕业的重点区域。近几年来，种桑、养蚕已经成为该地区农民增加收入的主要方式。蚕丝产品主要包括服装、棉被等。蚕丝产品作为高档真丝的主要原材料，由于其优良的质量，在国内外都有很好的销售。近几年，广西大力支持桑蚕这一特色产业，并于 2015 年将其列入《广西壮族自治区现代农业（种植业）发展"十三五"规划（2016—2020）》，促使桑蚕产业得到了快速发展，并形成了

一定的规模。2019 年以来，桑蚕种植面积、蚕茧产量均位居全国前列(表
4-3)。近年来，广西的蚕茧产量年均约为 3740 万吨，蚕农每年在销售蚕茧
方面所获得的收入约为 165.98 亿元，基本占到全国的一半左右，这也表明
了广西是目前全国规模最大的蚕茧生产基地，同时也是蚕丝加工基地。

表 4-3 2021 年各省份桑园面积

省份	广西	云南	陕西	四川
面积(万亩)	302.63	138.6	82.7	273.55

数据来源：国家统计局

4.2.5 中药材产业

广西气候条件优越，具有良好的自然资源禀赋，有利于中草药的生
长。桂中及桂北一带，生长了包括鸡血藤、八角、广豆根等大量中草药。
金银花主要分布在大石山一带及南宁、河池、柳州等地；八角主要分布在
百色、梧州以及崇左等地；罗汉果则主要分布在桂南和桂北地区；葛根主
要分布在梧州、贵港等区域。广西的药材资源丰富，据《广西中药资源大
典》记载，截至 2018 年底，已经拥有药材资源达 7088 种，其中，药用植物
占 5966 种、药用动物 798 种，海产药用生物 200 多种。此外，有 70 余种医
学上常用的中药材主要产地在广西，这其中还有 10 余种药材在全国药材的
销量中占到 80% 左右的比重，而像罗汉果、鸡血藤等药材所占的比重更是超
过了 90%。广西作为少数民族聚居的地区，经过长期的实践，已经培育了一
批具有少数民族特色的中草药，这其中就包括壮药、瑶药、侗药、苗药、仫
佬药、毛南药、京药、彝药等，这些民族中草药中壮药所占的比重最大，达
到了 2200 种。由此可以看出，广西中草药产业经过数年的积累和沉淀，已经
取得了一定的成绩，同时也为今后的发展奠定了良好的基础。

4.2.6 蔬菜产业

最近几年，广西一直在努力推动蔬菜产业的转型升级，并对"一区三

带四通道"的蔬菜产业结构进行了优化，形成了秋冬菜、夏秋反季节蔬菜、食用菌、城市"菜篮子"和创汇蔬菜等 5 个优势产区。秋冬菜优势产区包括桂东、桂西、桂东南、桂北、桂中秋菜区，冬菜区主要在桂南、桂东南、右江河谷，桂西、桂中、桂北等地也有冬菜区。寒凉山区、玉林市南面及钦州、北海、防城港等地是我国夏、秋季反季节蔬菜的主要生产区。自2016 年至今，广西已建立 26 个蔬菜标准化园区，建立超过 2 万亩的标准园区，投资 1665 万元，有力地示范带动了全区蔬菜向规模化种植、标准化生产、商品化、品牌化、产业化等方向发展，推动了蔬菜产业的转型升级。2017 年蔬菜播种面积已从 1303 万亩增加至 1950 万亩；从 2015 年到2017 年，产量由 2015 万吨增加到 2950 万吨。到 2020 年，广西蔬菜集群已发展为广西千亿级特色农业产业集群。

4.2.7　生猪产业

广西是我国最大的养猪大省之一。广西的养猪基地主要集中在玉林、贵港、南宁、桂林等地，其中著名的基地有：永新农垦、广西一遍天、广西普乐福等。在广西，生猪作为重要的农业支柱，其产量曾经超过了粮食产量。生猪养殖业在保证畜产品充足供给、增加农民收入等方面起着举足轻重的作用。生猪养殖是广西大部分贫困地区农民的主要经济收入来源，因此，政府部门一直高度重视生猪产业的发展，尤其是经历了非洲猪瘟之后，为了保障生猪产业的健康稳定发展，广西积极统筹中央与自治区财政补贴，通过向当地企业下放产能、促进养猪业转型升级、提升养猪业防治能力、扩大规模养猪场建设等方式，促进养猪业的快速恢复。广西自 2021年 8 月 1 日起实施《生猪屠宰管理条例》，从源头上规范了屠宰场和其生产的猪肉的质量安全，强化了对猪肉出品的全程监督与管理。

4.2.8　肉牛肉羊产业

为有效促进畜牧业的快速发展，广西提出了加快发展肉牛、肉羊产业的战略规划，并对其区域分布进行了优化，加速了主要产业集群的形成。

在桂西、桂中、桂北山区的发展上，以百色、河池、南宁、柳州、桂林、来宾为发展重点。统计数据结果显示，广西的畜牧产业在全国的产业发展中占据一席之地，是未来需要重点培育和发展的产业之一。

4.2.9　海水养殖业

为加速海水养殖业发展，"十三五"期间，广西将特色水产业、海洋渔业作为重点。2018年，海水养殖面积达550平方公里，年平均增长率1%。截至2023年，海水产品产量攀升至222.39万吨。

海水养殖种类极为丰富，石斑鱼、马氏珠母贝、对虾、牡蛎、卵形鲳鲹等，都是市场青睐的热门品种，此外还有多种食用鱼类。随着市场需求增长，广西水产养殖业发展迅猛。北海、钦州、防城港凭借地理优势与成熟技术，成为主要养殖区，为市场供应大量优质产品，有力推动了广西海水养殖业的繁荣。

4.2.10　特色观光旅游产业

广西旅游业发展迅速，从2013年的2057亿元发展至2019年的8219.9亿元，年均复合增长率高达30%。2020年受疫情影响，旅游业的发展一度停滞。疫情过后，旅游业呈现新的发展态势。经过多年的发展，广西已经形成较有特色的旅游资源，如钦州三娘湾、德天瀑布、巴马长寿之乡等。随着数字经济时代的到来，短视频发展迅猛，通过抖音、微信等网络媒体的大力推广与宣传，广西旅游业的知名度和美誉度有了显著提升，吸引了大批量的国内外游客前来旅游。

4.3　滇黔桂革命老区特色农业产业发展的优势与劣势

4.3.1　滇黔桂革命老区特色农业产业化发展优势

以广西为例，广西区位优势得天独厚，社会经济条件良好，为特色农业产业化发展筑牢根基。广西始终高度重视特色农业，蔗糖、木薯、蚕茧、冬菜等特色产业蓬勃兴起，已具一定规模。其中，广西马铃薯冬种资源潜力巨大，若能深挖马铃薯生产、加工优势，将为农业发展开辟新路径。此外，在柑橘、香蕉、双季葡萄、食用菌、中药、茶叶、水牛、虾仁、罗非鱼等领域，广西在全国排名靠前，发展潜力不容小觑。

随着科技进步与区域经济发展，广西特色农产品生产基地建设日臻成熟，国内外市场需求持续攀升。在此契机下，广西各地区应充分挖掘自身资源优势，做大做强特色农业产业化，构建完整产业链，方能在国际市场站稳脚跟，实现可持续发展。

4.3.1.1　自然优势

广西物产丰饶，气候资源优越，光热充足，雨量充沛，属亚热带气候。农业发达，动植物物种丰富，矿藏丰富，是我国重要的农业生产区之一。广西素有"植物王国""天然花园""药物宝库"的美誉，独特的自然条件为发展特色农业提供了良好的农业基础。

地理位置具有天然优势。广西地处中国最南部，东临广东省，西临越南，地理位置特殊。当前，以沿海港口为龙头，南昆铁路为骨干，辅以高等级公路、水运、航空和其他基础设施，交通体系方面已经形成一定的规模。广西是我国西部资源型经济和东南沿海开放型经济的交会之地，也是面向东南亚的门户，其铁路、空运、陆运和海运的发达，使得广西与国际上其他国家的经贸往来更为频繁，这对于推动边贸的发展，推动与东盟国家的关系，以及国内各省市的合作都具有重要意义。

4.3.1.2　社会经济优势

广西是中国最大的少数民族聚居地，具有非常丰富的特色农业资源，广西的蔗糖产量占全国的60%以上，木薯占70%以上，桑蚕、松脂、八角、油桐子、速生桉树等特色农产品均位居全国前列。龙眼、香蕉、荔枝等水果产量居全国第二，肉类和水产品的总产量位居全国第八。广西已形成了一大批有代表性、有竞争力的龙头企业，对沿海地区的新一轮发展大有裨益。

在 2022 年广西企业百强中，有 8 家制糖企业位列其中，这充分说明了糖业在广西产业发展中的特殊地位，是区内重点扶持的产业之一。经过多年的发展，广西制糖产业领域的特色龙头企业发展迅猛，创造了良好的经济效应。通过对广西地区特色农业的产业结构进行优化，并在此基础上开发出特色农产品，可为该地区的经济快速增长提供有利条件。

4.3.2 滇黔桂革命老区特色农业产业化发展劣势

4.3.2.1 产业基础薄弱

滇黔桂革命老区部分地区交通基础设施建设滞后，公路等级低、铁路覆盖率不足，尤其是一些偏远山区，道路狭窄且路况差，大型运输车辆难以通行，这严重制约了特色农产品的运输效率和流通范围，增加了物流成本。以贵州部分山区为例，由于山路崎岖，从产地到县城的运输时间往往比平原地区多出数小时，导致农产品损耗率增加。此外，农业生产配套设施落后，灌溉设施老化，有效灌溉面积占比低，像广西一些农田的灌溉设施还是多年前修建的，难以满足现代农业精准灌溉需求；仓储设施简陋，缺乏先进的冷藏保鲜设备，特色农产品在储存过程中易变质，如云南部分水果产区，因仓储条件有限，水果在收获旺季时常出现积压腐烂现象。

4.3.2.2 市场竞争压力大

特色农产品同质化现象严重，在全国乃至国际市场上，滇黔桂革命老区的特色农产品如三七、刺梨、芒果等，面临来自其他地区同类产品的激烈竞争。部分地区的三七产品在品质、外观上与文山三七相近，消费者难以区分，使得文山三七的市场份额受到挤压。加之品牌建设滞后，虽然拥有一些特色农产品，但缺乏具有全国影响力的知名品牌，许多消费者对滇黔桂革命老区的特色农产品认知度较低，品牌溢价能力弱，导致产品附加值难以提升。

4.3.2.3 技术创新能力不足

农业科技投入有限，多数企业和农户缺乏资金用于引进先进的种植、养殖技术和设备，农业生产仍以传统方式为主，生产效率低下。在云南花卉种植领域，部分花农仍采用传统的人工浇水、施肥方式，与国外先进的智能化花卉种植技术相比，产量和品质都存在较大差距。同时，技术人才匮乏，本地农业院校和科研机构培养的专业人才数量有限，且大量人才外流，导致农业生产一线缺乏专业技术指导。例如，在贵州刺梨产业发展中，由于缺乏专业的加工技术人才，刺梨产品的深加工水平较低，产品种类较单一。

4.3.2.4 产业化组织程度低

农户分散经营，生产规模小，难以形成规模化效应，在市场交易中缺乏话语权，无法有效抵御市场风险。如在广西甘蔗种植区，众多蔗农以家庭为单位分散种植，难以统一种植标准和销售价格，面对糖厂等收购方时，议价能力弱。农业产业化龙头企业数量少、规模小，带动能力有限，与农户之间的利益联结机制不够紧密，尚未形成稳定的产业联合体。许多龙头企业与农户只是简单的买卖关系，未能实现风险共担、利益共享机制，影响了特色农业产业化的协同发展。

关于滇黔桂革命老区特色农业产业化发展劣势，详见本书第五章介绍，此处不过多展开。

4.4 滇黔桂革命老区特色农业产业发展对经济发展作用分析

4.4.1 促进农业产业结构升级

在滇黔桂革命老区，特色农业产业的蓬勃发展正有力地推动着农业产业结构的升级，使传统农业向多元化、高效化方向转变。

从产业结构调整方向来看，以往滇黔桂革命老区农业产业结构相对单一，多以传统粮食作物种植为主。随着特色农业产业的兴起，这种局面得到了显著改善。云南凭借独特的气候和地理优势，大力发展花卉、茶叶等特色产业。花卉产业从最初的小规模种植，逐渐发展为集种植、加工、销售、科研、观光等于一体的综合性产业。花卉种植面积持续扩大，花卉加工企业不断涌现，生产的花卉制品涵盖鲜切花、干花、花卉精油等多个品类，不仅满足了国内市场需求，还远销海外。茶叶产业同样如此，从单纯的茶叶种植向茶叶深加工、茶文化旅游等领域拓展，开发出茶多酚、茶饮料、茶保健品等深加工产品，延伸了产业链条。

在贵州，中药材和辣椒特色产业的发展也极大地改变了农业产业结构。中药材种植规模日益壮大，形成了多个规模化种植基地。围绕中药材产业，当地发展了中药饮片加工、中成药制造、中药材贸易等产业，提升了产业附加值。辣椒产业更是从简单的种植销售，向辣椒制品深加工、辣椒文化创意等方向发展。当地的辣椒加工企业生产出辣椒酱、辣椒油、辣椒休闲食品等丰富多样的产品，在国内市场占据重要地位，部分产品还出口到国际市场。

特色农业产业通过技术创新和产业融合，为农业产业结构升级提供了强大动力。在技术创新方面，各特色农业产业积极引进和应用先进技术。例如，广西水果种植区广泛采用现代化的种植技术，如滴灌、喷灌等节水灌溉技术，通过智能温控、光照调节等现代化设施，以及病虫害绿色防控技术，提高了水果的产量和品质。同时，利用大数据、物联网等信息技术，实现了对水果生产、销售的精准管理，提升了产业效率。在产业融合方面，特色农业与第二、三产业的融合不断加深。以观光农业为例，云南的花卉主题公园、贵州的观光茶园、广西的水果采摘园等，将农业与旅游、文化、教育等产业有机结合，拓展了农业的功能，增加了农民的收入来源。据统计，滇黔桂革命老区观光农业相关收入在农业总收入中的占比逐年提高，2024 年达到 20%，成为农业产业结构升级的重要标志。

此外，特色农业产业的发展还带动了农业服务业的发展。农资供应、农产品物流、农业技术服务等农业服务业不断完善，为农业产业结构升级提供了有力支撑。例如，在云南花卉产业中，专业的花卉物流企业不断涌现，采用先进的冷链物流技术，确保花卉在运输过程中的品质，使花卉能够快速、保鲜地送达全国各地乃至国际市场。这些农业服务业的发展，进一步优化了农业产业结构，提高了农业产业的整体竞争力。

4.4.2 推动完整产业链形成

滇黔桂革命老区特色农业产业在发展进程中，积极整合各类资源，大力推动从上游到下游完整产业链的形成，有力促进了区域经济的发展。

在产业链上游，种苗培育环节逐渐走向专业化、规模化。以云南花卉产业为例，为保证花卉品质和市场竞争力，众多专业的花卉种苗培育企业应运而生。这些企业依托先进的生物技术，如组织培养、基因编辑等，不仅能够快速繁殖优质花卉种苗，还能培育出具有独特观赏价值和抗逆性的新品种。每年从云南输出的花卉种苗数量达数亿株，不仅满足了本地花卉种植的需求，还畅销全国其他地区。在广西的水果产业中，种苗培育同样受到重视。当地建立了多个大型水果种苗繁育基地，培育出适应不同气候和土壤条件的芒果、荔枝、龙眼等水果种苗，为水果种植产业的持续发展提供了坚实保障。

中游的种植与养殖环节，通过规模化与标准化提升产业水平。在贵州的中药材种植领域，各地纷纷建立规模化种植基地，如大方天麻种植基地、施秉太子参种植基地等。这些基地采用标准化种植技术，从选地、播种、田间管理到采收，都严格遵循相关标准和规范。以施秉太子参种植基地为例，通过统一的种植标准，基地保证了太子参的品质稳定，有效提高了产量。同时，利用现代化的农业设施，如灌溉系统、遮阳网等，为中药材生长创造了适宜的环境。在云南的茶叶种植中，茶农们也逐渐摒弃传统的粗放式种植方式，采用标准化的种植管理技术，如合理密植、科学施肥、病虫害绿色防控等，提高茶叶的产量和品质。

下游的加工环节，不断延伸产业链条，提升产品附加值。广西的蔗糖产业，在制糖环节不断引进先进的生产设备和技术，提高蔗糖的生产效率和质量。同时，积极发展蔗糖深加工产业，利用蔗糖生产多种产品，如焦糖色素、木糖醇、生物乙醇等。这些深加工产品的市场需求旺盛，价格远高于原糖，极大地提升了蔗糖产业的附加值。在云南的花卉产业中，除了鲜切花销售，花卉加工企业还开发出干花制品、花卉精油、花卉食品等产品。例如，将鲜花制作成干花工艺品，不仅延长了花卉的保存时间，还赋予了花卉更高的艺术价值；花卉精油则因其具有美容、保健等功效，在市场上备受青睐。

销售与品牌建设作为产业链的重要环节，在滇黔桂革命老区也得到了充分重视。各地积极拓展销售渠道，线上通过电商平台、直播带货等方式，将特色农产品推向全国乃至国际市场；线下则建设农产品批发市场、专卖店等，加强与各大超市、餐饮企业的合作。在品牌建设方面，云南的普洱茶、贵州的遵义朝天椒、广西的百色芒果等，都通过挖掘地域文化和产品特色，打造出具有较高知名度和美誉度的品牌。例如，普洱茶凭借其悠久的历史文化和独特的品质，在国内外茶叶市场树立了良好的品牌形象，品牌价值不断攀升。这些品牌的形成，不仅提高了产品的市场竞争力，还带动了整个产业链的发展。

4.4.3 有利于转变经济增长方式

滇黔桂革命老区特色农业产业的发展在推动经济增长方式转变方面发挥着关键作用，促使区域经济从传统的粗放型增长模式向集约型、可持续增长模式转变。

在资源利用方面，特色农业产业的兴起显著提升了资源利用效率。传统农业往往存在资源浪费现象，如灌溉用水效率低下、土地利用率不高。而在滇黔桂革命老区的特色农业发展中，通过采用先进技术实现了对资源的高效利用。以广西的甘蔗种植为例，推广滴灌和喷灌技术，相比传统大水漫灌，水资源利用率提高了30%～40%，有效缓解了农业用水紧张问题。同时，在土地利用上，特色农业产业注重立体种植和复合经营模式。例如在云南的一些山区,采用"林—药""林—菌"等立体种植模式,在同一土地空间上实现了多种特色农产品的共生,提高了土地产出效益,使有限的土地资源发挥出更大的经济价值。

产业融合也是转变经济增长方式的重要体现。特色农业产业打破了传统农业单一生产的局限,与第二、三产业深度融合,拓展了经济增长空间。在贵州,围绕辣椒产业形成了种植、加工、销售、餐饮、旅游等多产业融合发展的格局。辣椒加工企业不仅生产各类辣椒制品,还开发出以辣椒为主题的休闲食品、调味品等,延伸了产业链。同时,辣椒文化旅游也逐渐兴起,通过举办辣椒文化节、建设辣椒主题博物馆等,吸引大量游客前来体验,带动了当地餐饮、住宿、交通等服务业的发展。这种产业融合模式,创造了更多的就业岗位和经济增长点,实现了从单纯依靠农业种植的线性增长向多产业协同发展的多元化增长转变。

创新驱动是特色农业产业推动经济增长方式转变的核心动力。滇黔桂革命老区在特色农业发展过程中,不断加大科技创新投入。在品种培育方面,利用现代生物技术培育出许多优质、高产、抗逆性强的特色农产品品种。例如云南花卉产业通过基因编辑技术,培育出花期更长、花色更丰富的花卉品种,提升了产品的市场竞争力。在生产管理上,引入智能化、信息化技术,实现精准种植。在广西的水果种植基地,利用物联网技术实时监测土壤湿度、肥力、病虫害等信息,根据数据分析进行精准施肥、灌溉和病虫害防治,减少了农资浪费,提高了生产效率。此外,商业模式创新也为经济增长注入新活力。通过电商平台、直播带货等新兴销售模式,拓宽了特色农产品的销售渠道,降低了交易成本,提高了经济效益。

特色农业产业的发展还促进了生态环境保护与经济增长的协调统一,在追求经济增长的同时,注重生态建设,发展生态农业。如云南的生态茶园,采用绿色防控技术防治病虫害,减少农药使用,保护了生态环境。同时,良好的生态环境又为特色农产品的品质提升提供了保障,形成了生态与经济相互促进的良性循环,推动经济增长方式向绿色、可持续方向转变。

第五章　滇黔桂革命老区特色农业产业发展存在的问题

5.1　基础设施建设滞后

5.1.1　交通问题

滇黔桂革命老区多山地、丘陵，地形复杂，交通基础设施建设难度较大，交通不便的现状严重制约了特色农业产业的发展。从农产品运输角度来看，由于道路等级低、路况差，许多偏远地区的农产品难以快速、高效地运输出去。

在云南的一些山区，道路多为狭窄的盘山土路，部分路段甚至仅能勉强供一辆车通行，且年久失修，坑洼不平。对于花卉种植户来说，这样的路况无疑是一场噩梦。以鲜切花运输为例，从山区的种植基地到最近的花卉交易市场，可能需要花费数小时甚至更长时间。长时间的颠簸，加上通风不畅，使得鲜切花在运输过程中极易受损。据相关统计，在这些交通条件恶劣的地区，鲜切花的损耗率高达 15%～20%。这意味着，每运输 100枝鲜切花，就有 15～20 枝因运输问题而无法正常销售，大大降低了经济效益。

同时，交通条件差还导致运输成本大幅提高。由于道路状况不佳，运输车辆的行驶速度受限，在交通便利地区只需数小时的车程，在这里却需要花费数倍的时间，不仅耗费了更多的燃油，还增加了车辆的磨损和维护成本。此外，为了保证农产品的质量，尤其是像鲜切花、水果等易腐坏的农产品，还需要采用更高级的运输设备和保鲜措施。例如，在运输鲜切花时，需要配备专业的冷藏车和保鲜设备，以维持适宜的温度和湿度环境。这些额外的投入，使得农产品的运输成本大幅增加。据调查，在一些交通不便的地区，农产品的运输成本比交通便利地区高出 30%~50%。

在农产品销售方面，交通不便严重限制了销售范围。许多优质的特色农产品，如贵州的特色中药材、广西的特色水果等，由于交通瓶颈，难以进入更广阔的市场。一些偏远山区的农产品只能在当地或周边小规模市场销售，无法满足外地市场的需求，导致市场份额狭小，难以形成规模效应。

以贵州的中药材为例，贵州拥有丰富的中药材资源，如天麻、杜仲、太子参等，品质优良，在市场上具有较高的价值。然而，由于部分产地交通不便，外地采购商难以进入，这些中药材的销售渠道受到极大限制。很多时候，当地农民只能以较低的价格将中药材卖给当地的收购商，而无法享受到市场的真实价值。这不仅影响了农民的收入，也阻碍了中药材产业的发展。

此外，交通不便还使得外地采购商难以进入，减少了农产品的销售渠道和销售机会。对于广西的水果产业来说，由于交通不便，一些优质的水果，如百色芒果、灵山荔枝等，难以在最佳的销售期内运输到全国各地。这不仅降低了水果的新鲜度和品质，也降低了市场价格竞争力。同时，由于缺乏外地采购商的竞争，当地农产品的价格往往受到当地收购商的控制，农民的利益难以得到保障。

5.1.2　水利设施不足

水利设施不完善是滇黔桂革命老区特色农业产业发展面临的又一突出问题。在农业生产中，灌溉是保证农作物生长的关键环节。然而，老区部分地区水利设施老化、年久失修，灌溉渠道渗漏严重，导致灌溉效率低下。

在广西的一些甘蔗种植区，部分灌溉渠道修建于数十年前，由于缺乏有效的维护和管理，渠道壁破损严重，出现了大量的裂缝和孔洞。在灌溉过程中，大量的水资源从这些破损处渗漏流失，实际到达田间的水量仅为设计水量的50%～60%。这不仅造成水资源的极大浪费，也无法满足甘蔗生长对水分的需求。甘蔗是一种需水量较大的作物，在生长的关键时期，如拔节期，对水分的需求更为迫切。如果此时灌溉不足，将会严重影响甘蔗的生长和产量。据统计，在这些灌溉设施不完善的地区，甘蔗的产量普遍比灌溉条件良好的地区低20%～30%。

此外，水利设施建设布局不合理，一些偏远山区缺乏有效的灌溉设施，农作物只能靠天吃饭。在干旱季节，由于缺乏灌溉水源，农作物生长受到严重影响，产量大幅下降。以云南的一些山区茶叶种植为例，这些地区地形复杂，地势起伏较大，水利设施建设难度较高。部分山区由于缺乏有效的灌溉设施，在干旱季节，茶叶树因缺水而生长缓慢，叶片发黄，甚至出现干枯死亡的现象。据统计，在水利设施不完善的地区，农作物因干旱减产幅度可达30%～50%。

同时，水利设施不足还影响了农作物的品质。水分供应不稳定会导致农作物生长不均匀，出现果实大小不一、口感变差等问题，降低了特色农产品的市场竞争力。例如，在云南的一些茶叶产区，由于灌溉条件不佳，茶叶在生长过程中水分不足，导致茶叶叶片单薄、香气不足，影响了茶叶的品质和价格。在市场上，品质优良的茶叶价格往往较高，而品质不佳的茶叶则价格较低。因此，水利设施不足不仅影响了农作物的产量，也影响了农民的收入和农业产业的发展。

5.2 科技支撑不足

5.2.1 农业科技人才匮乏

在滇黔桂革命老区，农业科技人才匮乏的问题愈发凸显，已然成为特

61

色农业产业发展的一大阻碍。从人才短缺的成因来看，涵盖多个层面。生活条件和待遇因素首当其冲。滇黔桂革命老区多地处偏远山区，地势复杂，交通不便，与发达城市相比，基础配套设施差距显著。教育资源稀缺，师资力量薄弱，导致科研人员子女的教育成为难题；医疗水平有限，难以满足日常就医需求，一旦患上重大疾病，往往需要长途跋涉前往大城市就医；文化娱乐设施更是严重不足。与此同时，农业科技岗位的薪资待遇不尽如人意，缺乏科学合理的薪酬体系与激励机制。据调查，滇黔桂革命老区农业科技岗位的平均薪资比发达地区低 20%～30%，绩效奖励与福利补贴也相对较少，对于追求更高生活品质与经济回报的优秀人才而言，如此薪资自然缺乏足够的吸引力。

职业发展受限也是重要因素。大部分地区农业产业规模相对较小，发展水平不高，导致农业科研项目数量稀少，科研平台建设滞后。农业科技人才在此环境下，难以获取充足的科研资源，如先进的实验设备、前沿的研究资料等。同时，实践机会匮乏，无法将理论知识有效应用于实际生产，限制了他们在专业领域的成长与突破。以云南某县的农业科技站为例，站内仅有基础的农业检测设备，多年来几乎没有承担过省级以上的科研项目，站内工作人员长期缺乏外出学习与交流的机会，知识更新缓慢，专业技能难以提升。许多农业科技人才担忧在老区工作会使自身职业发展陷入停滞，职业晋升空间狭窄，因此更倾向于前往科研资源丰富、发展机会众多的发达地区。

农业科技人才短缺给特色农业产业发展带来了诸多负面影响。在新技术推广层面，由于专业人才的缺失，许多先进的农业技术在老区难以有效落地。例如，精准农业技术中的传感器应用，能够实时监测土壤的湿度、肥力、酸碱度等参数，为精准施肥与灌溉提供科学依据，但因缺乏专业技术人员的安装、调试与维护，在老区的应用范围极为有限。无人机植保技术可高效完成病虫害防治作业，节省人力成本，然而在缺乏专业飞手与技术指导的情况下，无法在老区广泛推广。在农产品质量提升方面，农业科技人才能够运用专业知识，对农产品的种植、养殖过程进行科学管理，确保农产品符合高品质标准。但人才短缺使得农产品在生产过程中难以实现标准化与精细化管理，导致农产品品质良莠不齐，难以满足市场对高品质农产品的需求。如广西的一些水果种植户，由于缺乏专业技术指导，在病虫害防治、施肥灌溉等环节存在操作不当的情况，致使水果的甜度、色泽、口感等指标均未达到优质标准，市场竞争力大打折扣。

5.2.2 农业科技创新能力弱

农业科技创新能力不足，严重制约着滇黔桂革命老区特色农业产业的发展进程，这其中研发投入不足是关键症结。与发达地区相比，滇黔桂革命老区在农业科研方面的资金投入差距明显。政府财政因经济发展水平相对落后，对农业科技研发的支持力度有限，难以满足产业发展的实际需求。企业由于规模较小、资金实力薄弱，在维持日常生产运营的同时，难以承担高额的研发费用。据统计，老区农业科研投入占农业总产值的比重仅为1.2%，远低于全国平均水平的2.4%。资金短缺使得农业科技创新缺乏必要的资金保障，难以开展前沿性、关键性技术的研究。例如，在新型农业品种培育领域，研发一个具有优良性状的新品种，往往需要投入大量的资金与时间，进行多代的选育与试验。但由于资金匮乏，老区在这方面的研究进展缓慢，难以培育出适应本地环境、具有市场竞争力的新品种。

产学研合作机制不完善也是重要问题。高校和科研机构与农业企业之间缺乏有效的沟通与协作，信息不对称问题突出。许多高校和科研机构的研究成果过于理论化，与农业生产实际需求脱节，无法在老区特色农业产业中得到有效应用。同时，企业在技术创新过程中，由于缺乏高校和科研机构的技术支持，难以突破技术瓶颈。以贵州的中药材产业为例，当地高校和科研机构在中药材种植技术、病虫害防治等方面开展了大量研究，但由于缺乏与企业的深度合作，这些研究成果未能及时转化为实际生产力，企业在生产过程中仍然面临诸多技术难题。

农业科技创新能力弱对产业发展的制约体现在多个方面。在农产品市场竞争力方面，由于缺乏创新技术，农产品品种单一，难以满足市场对多样化农产品的需求。同时，品质提升困难，无法在市场上形成差异化竞争优势，导致农产品在市场上的竞争力较弱。在产业升级方面，科技创新是推动农业产业升级的核心动力。然而，由于创新能力不足，老区特色农业产业难以实现从传统农业向现代农业的转型。在生产环节，难以引入智能化、自动化设备，生产效率低下；在加工环节，缺乏先进的加工技术，产品附加值较低；在销售环节，无法利用互联网、大数据等技术拓展销售渠道，产业发展受到极大制约。例如，在云南的花卉产业中，由于缺乏创新的保鲜和物流技术，花卉在运输过程中的损耗率高达 15%～20%，严重限制了花卉产业的进一步发展。在广西的蔗糖产业中，由于缺乏先进的制糖技术和综合利用技术，蔗糖产品主要以原糖为主，附加值较低，产业发展空间有限。

5.3 品牌建设滞后

5.3.1 品牌意识淡薄

在滇黔桂革命老区，农民和企业品牌意识淡薄，成为特色农业产业品牌建设的一大阻碍，这其中传统生产观念根深蒂固是重要原因之一。许多农民长期受传统农耕思维的束缚，在过去相当长的一段时间里，农产品市场处于供不应求的状态，只要有产出就不愁销路，这使得农民过度注重农产品的产量，而忽视了质量和品牌塑造。他们习惯于将农产品直接售卖，认为只要有产出就能获得收入，缺乏对品牌价值的认知。例如贵州一些山区的辣椒种植户，仅关注辣椒的产量，对辣椒的品种改良、质量管控以及品牌打造缺乏积极性，认为这些投入既耗费成本又难以带来直接收益，而且，在当地传统的交易模式中，农产品大多是以散装的形式在附近的农贸市场销售，消费者更关注价格，这也进一步强化了农民重产量轻品牌的观念。

经济实力和知识水平的限制也不容忽视。老区部分农业企业规模较小，资金有限，在维持生产运营、购买农资和设备等方面已耗费大量资金，难以再抽出资金用于与品牌建设相关的市场调研、设计策划等工作。据调查，滇黔桂革命老区的农业企业中，超过70%的企业年利润在50万元以下，扣除生产成本后，可用于品牌建设的资金微乎其微。同时，农民和企业相关人员的知识水平参差不齐，很多人缺乏品牌建设和市场营销方面的专业知识，不了解品牌定位、品牌传播等概念，不知道如何挖掘产品的独特卖点并将其转化为品牌优势。在一些农村地区，农民受教育程度普遍较低，高中及以上学历的占比不足30%，这使得他们很难理解和运用现代品牌营销理念。

此外，信息获取渠道狭窄也制约了品牌意识的提升。滇黔桂革命老区多为偏远地区，网络覆盖不足、信息传播速度慢，农民和企业难以及时获取市场动态和先进的品牌建设理念。在一些山区，4G网络信号不稳定，甚至部分地区仍未实现4G覆盖，导致农民和企业无法便捷地通过网络获取信息。与发达地区相比，他们接触品牌营销成功案例和学习品牌建设知识的机会较少，无法认识到品牌在市场竞争中的重要性。同时，当地缺乏专业的品牌建设培训和指导机构，农民和企业想要学习相关知识面临重重困难。

5.3.2 品牌推广不力

品牌推广不力对滇黔桂革命老区特色农产品的附加值和市场竞争力产生了严重的负面影响。从产品附加值来看，缺乏有效的品牌推广，特色农产品难以展现其独特价值，只能以较低的价格出售。例如云南的一些优质茶叶，因没有进行有力的品牌推广，消费者对其品质和特色了解甚少，只能以普通茶叶的价格销售，无法体现出其应有的价值。而经过成功品牌推广的同类产品，如西湖龙井，凭借强大的品牌影响力，价格数倍于未推广的云南优质茶叶，附加值得到极大提升。西湖龙井通过举办茶文化节、参加国际茶叶展销会等活动，以及利用媒体宣传、电商平台推广等手段，将其独特的历史文化、优良品质等品牌价值传递给消费者，使其在市场上占据高端地位，价格居高不下。而云南的一些优质茶叶，尽管在口感、营养成分等方面并不逊色，但由于缺乏品牌推广，无法让消费者认识到其价值，在市场上只能以较低的价格流通。

在市场竞争力方面，品牌推广不足使得产品市场份额受限。在如今竞争激烈的农产品市场中，品牌是消费者识别和选择产品的重要依据。滇黔桂革命老区的特色农产品，由于品牌推广力度不够，在市场上的知名度低，难以吸引消费者的关注。云南的一些特色水果，尽管品质优良，但因缺乏品牌推广，在全国市场上的份额远低于山东苹果、新疆葡萄等有强大品牌支撑的农产品。广西的番石榴、莲雾等水果，由于缺乏品牌宣传，很多消费者甚至不知道其口感和营养价值，更不会主动购买。同时，缺乏品牌推广也使得产品难以拓展销售渠道，电商平台、大型超市等销售渠道更倾向于与有品牌影响力的产品合作，这进一步限制了产品的市场覆盖面，削弱了产品的市场竞争力。例如，某大型电商平台在选择水果供应商时，更倾向于与有品牌知名度的水果产区合作，对于滇黔桂革命老区一些没有品牌的特色水果，即使品质优良，也很难进入该平台的销售体系。

5.4 市场体系不完善

5.4.1 销售渠道单一

滇黔桂革命老区的特色农产品销售，深受销售渠道单一问题的困扰。在当下，传统线下销售模式依然占据主导地位，有数据显示，超过80%的农产品依赖本地农贸市场、小型批发商收购等传统途径进行销售。以贵州的特色中药材产业为例，众多药农长期与当地小型收购商合作，这些收购商平均每次收购量仅在几百公斤到数吨不等，收购能力极为有限，而且，他们的业务模式多为简单的转手贩卖，缺乏成熟的物流配送体系和广泛的销售网络，难以将产品大规模输送至外地市场。

据调查，贵州某县每年产出优质天麻可达500吨，但因销售渠道局限，仅有不到 30% 的天麻能够销售到本省以外的地区，大量天麻积压在本地，无法满足外地市场对贵州特色天麻日益增长的需求。这不仅导致产品销量难以提升，更阻碍了特色农业产业的规模扩张。以 2023 年为例，由于销售渠道问题，当地天麻产业的产值增长仅为 3%，远低于全国中药材产业平均 8% 的增长速度。

销售渠道单一是农产品价格波动大且不稳定的重要原因。缺乏多元化销售渠道，使得农产品在销售时极易受到本地市场供需关系的影响。在广西的水果丰收季，以芒果为例，2024 年夏季芒果集中上市，因销售渠道有限，本地市场短时间内涌入超过 10 万吨芒果，市场供过于求，芒果价格从每公斤 10 元迅速暴跌至每公斤 3 元，跌幅达 70%。一些果农为避免水果腐烂，不得不以低于成本价（每公斤 5 元）的价格抛售，造成巨大经济损失。

相反，当市场需求旺盛时，由于销售渠道无法快速响应，农产品难以快速供应市场。例如在云南花卉市场，2023 年情人节前夕，因本地传统销售渠道无法快速对接全国市场需求，市场上玫瑰价格虚高，每枝从平常的 5 元涨至 20 元，涨幅达 300%。这不仅损害了消费者利益，也不利于特色农产品市场的健康发展。

在数字化时代，线上销售渠道是产品销售和品牌推广的重要平台。但滇黔桂革命老区的农产品在电商、直播带货等新兴销售渠道的开拓上进展缓慢。以云南的普洱茶为例，虽然普洱茶品质优良、历史悠久，但由于过度依赖传统销售渠道，在淘宝、抖音等电商平台的销售额占总销售额的比例不足 20%。与之形成鲜明对比的是，福建铁观音通过线上渠道的销售额占比超过 50%。这使得云南普洱茶品牌难以通过线上渠道广泛传播，无法吸引更多消费者关注，进一步削弱了市场竞争力。

5.4.2 市场信息不对称

市场信息不畅对滇黔桂革命老区农民的生产决策造成多方面的不利影响。首先，农民缺乏准确的市场需求信息，导致生产盲目性较大。据调研，在选择种植或养殖品种时，超过 70% 的农民主要依靠以往经验或跟风种植。

2022 年，广西某地区的百香果价格高涨，每公斤售价达到 15 元，农民看到有利可图，2023 年纷纷扩大种植规模，种植面积增长了 80%。但由于缺乏对市场后续需求变化的准确判断，2023 年百香果集中上市时，市场供过于求，价格暴跌至每公斤 3 元，大量百香果滞销，农民遭受重大损失。

其次，市场信息不对称使农民在生产过程中难以获取先进的生产技术和管理经验。在发达地区，通过有效的市场信息传播，农民能够及时了解并应用新技术、新理念。例如，在山东寿光，农民通过互联网和农业技术推广站，能快速掌握新型蔬菜种植技术，其蔬菜产量和质量不断提升。然而，在滇黔桂革命老区，由于信息传播不畅，许多农民很难接触到先进技术。在云南某花卉种植区，新型的花卉病虫害生物防治技术在全国已推广多年，但当地仍有超过 60% 的花农使用传统化学防治方法，不仅导致花卉农药残留超标，影响品质，还增加了生产成本。

最后，市场信息不畅使农民在销售农产品时，无法及时掌握市场价格动态，在与收购商的交易中处于被动地位。在云南的花卉市场，由于农民缺乏对全国花卉市场价格走势的了解，在与花卉收购商交易时，只能接受收购商给出的价格。据统计，农民实际销售价格比同期全国市场平均价格低 15%~20%，这严重影响了农民的收入和生产积极性。

5.5　数字化与信息化应用不足

5.5.1　农业数字化转型滞后

其一，智慧农业技术普及率低。在滇黔桂地区，智慧农业技术的推广进程面临着重重阻碍，致使其普及率长期处于较低水平。以云南花卉产业为例，云南作为我国举足轻重的花卉产区，2024 年花卉种植面积接近 200 万亩，鲜切花产量占全国 70% 以上。然而，在实际种植过程中，采用智慧农业技术的比例仅徘徊在 20% 左右。走进云南呈贡的花卉种植基地，大部分花卉种植户依旧遵循传统的种植经验，对于智能灌溉、无人机植保、温室环境智能控制系统等先进技术的应用极为有限。

智能灌溉系统凭借其能够依据土壤湿度、花卉生长阶段等因素精准把控灌溉量的优势，理论上可节水 30%~40%。但一套中等规模、覆盖面积约 50 亩的智能灌溉设备，采购成本为 5 万~10 万元。除了高昂的购置费用，后续设备的维护保养还需要专业技术人员定期检修，每次维护费用在数千元不等，这使得许多资金并不充裕的种植户只能望而却步。在南华县的一家花卉种植园，园主表示，虽然知道智能灌溉系统能节省水资源和人力成本，但一次性投入太大，自己承担不起，园主还是选择传统的漫灌方式，不仅浪费水资源，还影响花卉生长品质。

在贵州的刺梨种植区，无人机植保技术的推广同样困难重重。据统计，仅约 10% 的种植户使用无人机进行病虫害防治。无人机植保作业时，其效率是人工的 10 倍以上，而且能够精准施药，避免农药的过度使用。但部分种植户对无人机操作技巧掌握不足，操作失误可能导致无人机损坏或施药不均匀。另外，一些种植户担心无人机施药无法像人工施药那样细致，会影响防治效果。在安顺市的刺梨种植基地，种植户李大叔说："我看别人用无人机打药，心里总是不踏实，就怕药量没控制好，把果子都打坏了。"这种顾虑使得无人机植保技术在当地推广缓慢。

在广西的甘蔗种植领域，虽然农业机械化程度相对较高，在种植和收割环节已有部分机械参与其中，但智能化水平仍处于较低层次。甘蔗种植和收割环节虽有部分机械参与，但缺乏智能化的种植规划和收割调度系统。智能化种植规划系统可依据土壤肥力、气候条件等因素，为种植户提供精准的种植方案，理论上可提高甘蔗产量 15%~20%，同时提升甘蔗的含糖量等品质指标。然而，目前广西仅有 5% 左右的甘蔗种植企业或大户采用此类智能化系统，大部分蔗农依旧依靠代代相传的人工经验进行种植规划，在甘蔗品种选择、种植间距设定等方面缺乏科学依据。在崇左市的甘蔗种植区，许多蔗农在种植时只是按照以往习惯，很少考虑土壤的实际肥力状况，导致部分地块甘蔗生长不良，产量和质量都受到影响。

其二，数据应用能力不足。滇黔桂地区特色农业产业在数据应用方面存在着明显的短板，严重制约了产业的高效发展。在农业生产环节，数据采集和分析能力十分薄弱。以云南的咖啡种植户为例，在咖啡豆生长的漫长过程中，对于土壤养分含量、气象数据、病虫害发生情况等关键数据的采集既不全面也不准确。多数种植户仅仅凭借多年积累的经验来判断是否施肥、打药，缺乏科学的数据支撑。据研究表明，精准的数据分析能够助力种植户及时调整种植策略，根据土壤养分数据精准施肥，可提高肥料利用率20%~30%，减少肥料浪费和环境污染。然而，目前仅有少数大型咖啡种植企业，如后谷咖啡等，建立了较为完善的数据采集和分析体系。绝大多数中小种植户尚未充分意识到数据在农业生产中的重要性。在普洱市的一个小型咖啡种植园，园主施肥时只是根据经验大概估算用量，从不检测土壤养分，导致咖啡豆品质不稳定，产量也难以提升。

在农业管理环节，数据的整合和利用存在严重不足。许多农业合作社和企业各部门之间数据处于分散状态，缺乏有效的数据共享和整合机制。以贵州的刺梨加工企业为例，生产部门、销售部门和财务部门的数据相互独立，犹如一个个信息孤岛，无法形成有效的数据联动。在制订生产计划时，销售部门由于未能及时将市场需求数据反馈给生产部门，常常导致生产与市场需求脱节。比如，2023年某刺梨加工企业，销售部门未能准确预估市场对刺梨果汁的需求，生产部门按照以往经验生产，结果导致大量刺梨果汁积压在仓库，占用大量资金；而在另一些时段，又因对市场需求估计不足，出现产品供应短缺，错失销售良机。同时，财务部门也难以依据生产和销售数据进行精准的成本核算和预算管理，导致企业成本控制不力，盈利能力下降。

在农产品销售环节，对市场数据的分析和运用不够深入。多数企业仅仅关注产品的销售量和销售额，对于消费者需求偏好、市场价格波动趋势、竞争对手产品特点等数据缺乏系统分析。以广西的芒果销售为例，随着电商平台和社交媒体的兴起，消费者对芒果品种、口感、包装等方面的反馈数据极为丰富。但许多企业未能充分利用这些渠道收集和分析数据，无法根据市场需求及时调整产品策略。在电商平台上，消费者常常反馈希望芒果包装更加精致，便于送礼，但部分企业并未重视这些反馈，依旧采用传统简单包装，导致产品在市场竞争中处于劣势。一些企业也没有对竞争对手的芒果产品进行深入分析，不了解对手在品种改良、营销手段等方面的创新，使得自身产品逐渐失去竞争力。

5.5.2 信息服务平台缺失

其一，信息收集缺乏规范性。在滇黔桂地区，农产品市场信息收集渠道繁杂且混乱，缺乏统一规范。政府部门、行业协会、企业及各类中介组织都在进行信息收集，但各自为政，标准不一。政府部门收集数据多从宏观统计角度出发，关注农产品产量、种植面积等基础数据，而行业协会可能更侧重于会员企业的经营数据收集。例如，在统计云南咖啡产量时，农业部门统计的是咖啡豆的毛产量，而咖啡行业协会统计的是经过初步筛选后的净产量，两者数据存在差异，导致市场主体难以获取准确信息。同时，信息收集的样本选取缺乏科学性，部分信息收集者为了方便，仅选取部分大型种植户或企业作为样本，忽略了广大中小农户和企业，使得收集到的信息无法全面反映市场真实情况。在贵州刺梨市场信息收集中，若仅以几家大型刺梨加工企业的数据为样本，就无法了解众多小型刺梨加工企业和分散种植户的实际生产和销售状况，导致出现信息偏差。这使得基于这些不准确信息做出的市场决策存在较大风险，可能导致资源浪费和市场失衡。

其二，传递渠道不畅与滞后。农产品市场信息传递缺乏高效统一的平台，信息传递主要依赖传统渠道，如电话、传真、纸质文件等，信息更新不及时，传递速度慢。在广西芒果销售旺季，产地的芒果价格波动信息无法及时传递到销地的批发商和零售商手中。当芒果产地价格因产量大增而迅速下跌时，由于信息传递滞后，销地市场仍维持高价，导致大量芒果积压在产地，而销地市场却因价格过高，消费者购买意愿降低，造成产销脱节。此外，不同地区、不同层级的信息传递还存在断层现象。

省级发布的农产品市场信息，经过层层传递，到了基层农户和小型企业时，信息可能已经过时或失真，而且，部分偏远农村地区网络覆盖不足，农民获取信息困难，进一步加剧了信息传递的不畅。这种信息传递的滞后和不畅，不仅增加了农产品的流通成本，还降低了市场效率，阻碍了农业产业的发展。

其三，数据分析能力薄弱。目前，滇黔桂地区缺乏专业的农产品市场信息分析团队和先进的数据分析技术。多数市场主体对收集到的信息仅进行简单的统计和汇总，无法深入挖掘数据背后的潜在价值。例如，虽然收集了广西蔗糖的价格波动数据，但由于缺乏专业分析，不能准确判断价格波动的原因是受国际市场影响、国内政策调整，还是自身供求关系变化。同时，对于消费者需求信息的分析也停留在表面，仅知道消费者对某类农产品有需求，但不了解消费者对产品品质、品牌、包装等方面的具体偏好。在云南花卉市场，企业虽然知道花卉市场需求旺盛，但对于消费者喜欢的花卉品种搭配、颜色偏好等信息掌握不足，导致生产的花卉产品无法精准满足市场需求。这使得企业在产品研发、生产和销售过程中缺乏针对性，难以提高产品的市场竞争力和市场份额。

其四，信息应用意识淡薄。许多农产品生产企业、种植户和经销商对市场信息的应用意识淡薄，不重视信息在生产、销售决策中的作用。即使获取了市场信息，也未能充分利用，依旧按照以往经验进行生产和销售。在贵州茶叶市场，一些茶农在选择茶叶品种时，不参考市场上茶叶品种的需求和价格走势，依旧种植传统品种，导致茶叶滞销。同时，部分企业在制定销售策略时，不分析市场竞争态势和消费者需求变化，盲目跟风，使得产品在市场上缺乏竞争力，而且，信息共享意识不足，各市场主体之间相互封锁信息，导致信息无法在整个产业链中有效流通，降低了信息的使用价值。这不仅影响了单个市场主体的发展，还阻碍了整个农业产业的协同发展和升级。未来，随着市场竞争的加剧和消费者需求的不断变化，提升信息应用意识和共享意识将成为滇黔桂地区农业发展的关键。

5.6　生态环境保护压力较大

5.6.1　农业面源污染问题

在滇黔桂地区，农业面源污染问题日益严峻，其中化肥、农药的过度使用是主要成因之一，对生态环境造成了多方面的负面影响。从土壤环境来看，长期过量施用化肥，改变了土壤的理化性质。以云南的蔬菜种植区为例，部分菜农为追求高产量，大量使用氮肥和磷肥，使得土壤中氮、磷元素大量富集。相关检测数据显示，该地区部分菜地土壤中的有效磷含量超出正常水平的2~3倍，土壤板结现象严重，透气性和保水性下降。土壤微生物群落结构也受到破坏，有益微生物数量减少，土壤生态系统的自我调节能力减弱，影响了土壤中养分的循环和转化，降低了土壤的肥力质量，使得蔬菜的品质和产量难以持续提升。例如，原本口感清甜、富含多种微量元素的当地特色蔬菜，因土壤环境恶化，口感变差，营养成分也有所降低，在市场上的竞争力逐渐减弱。

在水体环境方面，化肥、农药的大量使用通过地表径流等方式进入水体。在广西的一些甘蔗种植区，由于施肥季节集中且施用量大，每逢雨季，大量含有化肥和农药残留的雨水流入河流和湖泊。研究表明，这些区域的地表水中，总氮、总磷含量超标现象普遍，导致水体富营养化，藻类大量繁殖，水体溶解氧含量降低，水生生物生存环境恶化。部分河流和湖泊出现水华现象，鱼类等水生生物因缺氧而死亡，破坏了水生态系统的平衡。据统计，广西某河流因水体富营养化，鱼类种类减少了约30%，渔业资源受到严重破坏，依靠渔业为生的渔民收入大幅下降。

对大气环境而言，化肥的过度使用会导致氨气等温室气体排放量增加。在贵州的粮食种植区，氮肥的不合理施用使得土壤中的铵态氮在微生物作用下转化为氨气挥发到大气中。据估算，该地区因农业施肥导致的氨气排放量每年可达数千吨。氨气不仅会对空气质量产生影响，还可能与大气中的酸性物质发生反应，形成二次气溶胶，加剧雾霾天气的形成。同时，农药的挥发和漂移也会对大气环境造成污染，一些挥发性较强的农药成分进入大气后，会对周边的生态环境和人体健康产生潜在危害。长期暴露在受污染的大气环境中，当地居民呼吸道疾病的发病率有所上升，给居民的身体健康带来了负面影响。

5.6.2　资源利用效率低下

其一，土地资源方面。滇黔桂地区地形复杂，多山地和丘陵，土地资源相对有限。然而，当前土地利用方式较为粗放，存在诸多问题。在云南的一些花卉种植区域，由于缺乏科学规划，部分种植户盲目扩大种植面积，导致土地过度开垦。一些原本用于生态保护的林地和草地被开垦为花卉种植地，破坏了地表植被，加剧了水土流失。据统计，部分花卉种植集中区域的水土流失量比开垦前增加了 30%～50%，土壤肥力下降明显。例如，云南某县在大规模发展花卉种植后，由于水土流失，土壤中的有机质含量减少了 15% 左右，使得花卉的生长受到影响，花朵的色泽、大小和品质都不如以往，降低了花卉的市场价值。

此外，土地闲置和浪费现象也较为突出。在贵州的一些农村地区，随着劳动力外出务工，部分农田出现撂荒现象。据调查，某县农村撂荒土地面积占耕地总面积的 10% 左右。同时，一些农业园区在建设过程中，存在土地利用效率低下的问题，园区内部分土地被闲置或用于非农业生产，造成了土地资源的浪费。这种粗放式的土地利用方式，不仅降低了土地的产出效益，还对生态环境造成破坏，严重影响了土地资源的可持续利用。长期来看，土地资源的不合理利用可能导致粮食安全问题，影响地区的经济发展和社会稳定。

其二，水资源方面。该地区水资源分布不均，且时空变化大，部分地区水资源短缺问题较为严重。但在农业用水中，水资源粗放式利用现象普遍存在。在广西的甘蔗种植区，大部分蔗农仍采用大水漫灌的灌溉方式，灌溉水利用系数仅为 0.4 左右，远低于先进节水灌溉技术的利用系数 0.7～

0.8。大量水资源在灌溉过程中被浪费，既增加了农业生产成本，又加剧了水资源短缺的矛盾。例如，广西某蔗区每年因大水漫灌浪费的水资源可达数百万立方米，而这些水资源若能合理利用，可满足周边其他农作物的灌溉需求，提高农业生产的整体效益。

同时，由于灌溉设施老化和不完善，部分地区的灌溉水无法有效到达农田，导致农田灌溉不均匀，影响农作物生长。此外，在一些山区，由于缺乏有效的水资源管理和调配机制，不同农户之间常因争水而发生矛盾，进一步降低了水资源的利用效率。这种水资源的粗放式利用，使得水资源短缺问题愈发突出，对农业生产的可持续性构成了严重威胁，制约了滇黔桂地区特色农业产业的健康发展。长此以往，可能引发水资源危机，影响居民生活用水和工业用水，阻碍地区的可持续发展。

第六章 案 例 分 析

6.1 典型案例介绍

6.1.1 云南斗南花卉产业

云南斗南花卉市场作为亚洲最大的鲜切花交易市场,已然成为全球花卉产业版图中熠熠生辉的一颗明珠,其花卉产业发展成果举世瞩目。

从产业规模来看,斗南花卉市场占地面积达 1020 亩,交易面积 81 万平方米,规模宏大,宛如一座花卉的商业巨擘。这里入驻企业 1000 余家,花卉交易品种琳琅满目,超过 1600 种,几乎涵盖了全球知名的花卉品类。在 2024 年,斗南花卉市场展现出了惊人的交易活力,花卉交易量达 120 亿枝,交易额突破 120 亿元,其花卉销售网络更是广泛覆盖全国 70 多个大中城市,并且成功叩开了泰国、越南、日本、韩国等 40 多个国家和地区的市场大门。在国内,斗南花卉市场(以下简称"斗南")占据了鲜切花市场近 70%的份额,是当之无愧的行业龙头。以玫瑰为例,仅在情人节期间,斗南花卉市场向全国各大城市输送的高品质玫瑰就超过了 10 亿枝,满足了消费者对浪漫的追求。

在发展模式上,斗南构建了"花卉种植+交易市场+物流配送+花卉科技"一体化的创新发展模式。在花卉种植环节,以周边的呈贡、晋宁等地区为核心,辐射带动了昆明乃至整个云南的花卉种植基地,形成了规模化的花卉种植产业集群。这些种植基地总面积超过 50 万亩，花农数量 30 余万户，保证了源源不断且高品质的货源供应。在交易市场方面，不断完善花卉交易市场的功能，引入国际先进的电子拍卖交易系统和智能化管理模式，大大提高了交易效率。如今，在斗南花卉市场，一笔花卉交易从询价到成交，平均仅需 15 分钟。同时，大力发展花卉物流配送，与顺丰、德邦等多家知名物流企业深度合作，构建了覆盖全国及部分国际市场的高效物流网络。为了确保花卉能够快速、保鲜送达客户手中，斗南花卉市场还投资建设了多个大型冷链物流中心，配备了超过 1000 辆专业冷藏运输车辆，使得花卉在运输过程中的损耗率降低至 5% 以内。此外，斗南高度重视花卉科技研发，与云南农业大学、中国农业科学院等科研机构紧密合作，共同开展花卉新品种培育、种植技术创新等工作。近年来，成功培育出了"彩云之梦斗南之星"等多个具有自主知识产权的花卉新品种，在种植技术上，推广应用了无土栽培、智能化灌溉等先进技术，大幅提升了花卉的品质和产量。

品牌建设方面，斗南花卉通过举办各类花卉展览、花卉文化节等活动，持续提升品牌知名度和影响力。其中，昆明国际花卉展已成为展示斗南花卉品牌形象的重要平台，每年吸引来自全球 30 多个国家和地区的花卉企业和专业人士参与。在展会期间，不仅展示了最新的花卉品种和种植技术，还举办了多场花卉文化论坛和花艺大赛，进一步丰富了斗南花卉的品牌内涵。斗南花卉还注重品牌质量建设，建立了严格的花卉质量检测体系，从花卉的种植源头到交易环节，进行全流程的质量监控。市场内设立了多个专业的花卉质量检测中心，配备了先进的检测设备和专业的检测人员，每天对上市的花卉进行抽检，确保花卉的品质符合标准。只有通过检测的花卉才能贴上"斗南花卉"的品牌标识，进入市场交易，这一举措有效树立了良好的品牌口碑。

在市场推广上，斗南积极拓展线上线下销售渠道。线下通过与各大城市的花店、花卉批发商建立长期稳定的合作关系，在全国各大城市设立了超过 500 个销售网点，不断扩大市场份额。线上充分利用电商平台、直播带货等新兴模式，将花卉销售到全国各地乃至全球。例如，通过抖音等直播平台，斗南花卉的主播们每天直播销售花卉，吸引了大量消费者购买。据统计，斗南花卉在抖音平台的年销售额超过 10 亿元，线上销售额逐年以 30% 的速度攀升。此外，斗南还积极开展跨境电商业务，与亚马逊、eBay 等国际知名电商平台合作，将中国的花卉文化传播到世界各地。

6.1.2 贵州湄潭茶叶产业

湄潭县素有"中国名茶之乡"的美誉，其茶叶产业发展成效显著，成为贵州特色农业产业发展的典范。在产业规模上，湄潭茶叶种植面积达 60 万亩，漫山遍野的茶树构成了一道美丽的风景线。茶叶产量 5.5 万吨，综合产值超过 100 亿元，已然成为当地经济发展的支柱产业。全县拥有茶叶加工企业 500 余家，其中规模以上企业 30 余家，形成了从茶叶种植、加工到销售的完整产业链。在茶叶种植方面，湄潭县以核桃坝村为核心，带动周边多个乡镇发展茶叶种植，核桃坝村家家户户种茶，人均茶园面积达到 2.5 亩，被誉为"中国西部生态茶叶第一村"。在加工环节，规模以上企业引进了先进的茶叶加工设备，实现了茶叶加工的自动化和标准化，年加工能力 3 万吨以上。

湄潭茶叶产业采用"公司+合作社+农户"的发展模式。公司充分发挥资金、技术和市场优势，负责茶叶的加工和销售。例如，湄潭兰馨茶业有限公司投资 5000 万元建设了现代化的茶叶加工厂，引进了国际先进的茶叶加工生产线，年加工能力达到 5000 吨。同时，公司积极开拓市场，产品畅销全国 20 多个省，并出口到俄罗斯、欧盟等国家和地区。合作社则组织农户进行标准化种植，为农户提供技术指导和农资供应。湄潭县共有茶叶专业合作社 100 余个，覆盖了全县 80% 以上的茶农。以核桃坝茶叶专业合作社为例，合作社定期邀请茶叶专家为农户开展技术培训，每年培训人数超过 5000 人次。同时，合作社统一采购农资，降低了农户的生产成本。农户按照标准进行茶叶种植，确保茶叶品质。通过这种模式，实现了三方互利共赢，提高了产业的组织化程度和市场竞争力。

品牌建设方面，湄潭大力打造"湄潭翠芽"和"遵义红"两大品牌。通过制定严格的品牌标准，对茶叶的外形、色泽、香气、滋味等方面进行规范，确保茶叶的品质稳定。同时，加强品牌宣传和保护力度，利用电视、报纸、网络等媒体进行全方位的宣传推广。"湄潭翠芽"以其外形扁平光滑、色泽绿润、香气清高持久、滋味鲜爽醇厚而闻名，荣获多项国际国内茶叶评比大奖，如在 2023 年国际茶叶博览会上，"湄潭翠芽"获得了特别金奖。湄潭县还积极举办茶文化节、茶博会等活动，加强与国内外茶叶市场的交流与合作，进一步提升品牌影响力。每年举办的湄潭茶文化节，吸引了来自全国各地的茶叶企业和茶商参与，成为展示湄潭茶叶品牌的重要窗口。

在市场推广上，湄潭茶叶一方面积极参加国内外各类茶叶展销会，展示茶叶产品和品牌形象。在 2024 年中国国际茶业博览会上，湄潭茶叶展区吸引了超过 10 万人次参观，现场签订茶叶销售合同金额超过 5 亿元。另一方面，加强与电商平台合作，拓展线上销售渠道。通过淘宝、京东等电商平台，湄潭茶叶能够快速送达全国各地消费者手中，线上销售额占总销售额的比例逐年提高，目前已达到 30% 以上。此外，湄潭县还发展茶叶旅游，打造茶文化体验游线路，吸引游客前来参观、体验。游客可以在茶园中亲自采摘茶叶，参与茶叶制作过程，品尝新鲜的茶汤，感受浓厚的茶文化氛围。每年接待茶叶旅游游客超过 50 万人次，旅游收入超过 2 亿元，进一步提升了茶叶的市场知名度和销量。

6.1.3 广西百色芒果产业

百色芒果作为广西的特色农产品，近年来产业发展迅猛，成为当地农民增收致富的重要产业。

从产业规模来看，百色芒果种植面积达 130 万亩，产量 100 万吨，产值超过 80 亿元。百色芒果种植覆盖全市 12 个县(市、区)，形成了规模化、区域化的种植格局。其中，田东县、田阳区是百色芒果的核心产区，种植面积分别达到 30 万亩和 25 万亩，产量分别为 25 万吨和 20 万吨。在芒果种植品种上，百色芒果涵盖了台农 1 号、贵妃芒、金煌芒等 30 多个品种，满足了不同消费者的口味需求。

在发展模式上，百色芒果采用"政府引导+企业带动+农户参与"的发展模式。政府制定产业发展规划和扶持政策，引导产业健康发展。近年来，百色市政府累计投入产业扶持资金 5 亿元，用于芒果种植基地建设、种苗培育、技术培训等方面。同时，出台了一系列优惠政策，吸引众多企业投身芒果产业。企业通过建立芒果种植基地、加工生产线，带动农户参与芒果种植和加工。例如，广西田阳百育农业发展有限公司投资 2 亿元建设了 5 万亩的芒果种植基地，引进了先进的芒果种植技术和管理经验，带动了周边 5000 余户农户参与芒果种植。农户在企业的带动下，按照标准化要求进行芒果种植，提高芒果品质。企业还为农户提供技术指导和农资供应，确保农户能够种出优质的芒果。同时，百色积极发展芒果深加工产业，开发芒果汁、芒果干、芒果酱等产品，延伸产业链，提高产业附加值。目前，全市共有芒果深加工企业 20 余家，年加工芒果能力 20 万吨以上。

品牌建设方面，百色芒果通过举办芒果文化节、参加农产品展销会等活动，提升品牌知名度。每年举办的百色芒果文化节，吸引了来自全国各地的游客和芒果采购商，成为展示百色芒果品牌的重要平台。在文化节期间，举办了芒果采摘体验、芒果美食节、芒果产业发展论坛等一系列活动，进一步丰富了品牌内涵。"百色芒果"获得国家地理标志产品认证，品牌价值不断提升，目前品牌价值已超过 50 亿元。同时，百色注重芒果品质建设，加强芒果种植过程中的质量监管，建立了从果园到餐桌的全程质量追溯体系。通过对芒果种植、采摘、加工、销售等环节的严格监控，确保芒果的品质和安全，树立了良好的品牌形象。

在市场推广上，百色芒果积极拓展销售渠道。一方面，与各大超市、水果批发商建立合作关系，将芒果销售到全国各地。目前，百色芒果已进入全国各大城市的沃尔玛、家乐福、永辉等大型超市，市场占有率不断提高。另一方面，利用电商平台、直播带货等新兴模式，扩大销售范围。例如，通过拼多多等电商平台，百色芒果开展产地直发活动，让消费者能够品尝到新鲜的芒果。在 2024 年芒果销售季，通过拼多多平台销售的百色芒果超过 10 万吨，电商销售额逐年增长，占总销售额的 25% 以上。此外，百色还加强与东盟国家的贸易合作，将芒果出口到越南、泰国等国家，拓展国际市场。通过与东盟国家的合作，百色芒果不仅打开了国际市场的大门，还提升了品牌的国际影响力。

6.2　经验与启示

6.2.1　成功经验总结

规模化与集群化发展。上述成功案例均十分注重规模化与集群化发展，这为产业的壮大筑牢了根基。云南斗南花卉产业以周边呈贡、晋宁等地为依托，打造出超 50 万亩的花卉种植基地，规模宏大。在这片广袤的土地上，花农们辛勤耕耘，培育出了各式各样的花卉品种，为花卉市场提供了充足的货源。与此同时，超 1000 家企业汇聚于此，形成了强大的产业集聚效应。众多企业的聚集，不仅使得花卉交易品种丰富多样，涵盖了全球知名的玫瑰、百合、康乃馨等主流品类，还引入了各类特色小众花卉，满足了不同消费者的个性化需求。企业间的相互竞争与合作，也有效降低了生产成本。例如，在花卉包装材料采购上，企业通过联合采购，获得了更优惠的价格，成本降低了约 15%。规模化的生产和销售，使得花卉的生产效率大幅提高，市场竞争力也显著增强。在国内鲜切花市场，斗南花卉占据了近 70% 的份额，成为行业的领军者。

贵州湄潭茶叶产业同样在规模化发展上成效显著。60 万亩的茶叶种植面积，漫山遍野的茶树构成了一道独特的风景线。全县茶叶加工企业 500 余家，其中规模以上企业 30 余家。以核桃坝村为核心，带动周边多个乡镇投身茶叶种植与加工，形成了规模化运作的产业格局。在茶叶种植环节，通过统一的种植标准和技术指导，保障了茶叶的品质和产量。在加工环节，规模以上企业引进先进的自动化加工设备，实现了从鲜叶采摘到成品茶的高效转化。例如，湄潭兰馨茶业有限公司投资建设现代化加工厂，引进先进生产线后，年加工能力达到 5000 吨，不仅提高了生产效率，还稳定了产品质量，有力地推动了湄潭茶叶产业的发展。

广西百色芒果产业种植面积达 130 万亩，覆盖全市 12 个县(市、区)，构建了规模化、区域化的种植格局。田东县、田阳区作为核心产区，种植面积分别达到 30 万亩和 25 万亩，产量分别为 25 万吨和 20 万吨。规模化的种植使得百色芒果在产量上具备优势，能够满足不同市场的需求。同时，区域化种植有利于根据不同地区的土壤、气候条件，选择最适宜的芒果品种进行种植，从而提升芒果的品质。例如，田东县的土壤富含多种矿物质，特别适合台农 1 号芒果的生长，所产台农 1 号芒果甜度高、口感好，深受市场欢迎。这种规模化与集群化发展模式，吸引了农资供应、包装印刷、冷链物流等相关配套产业的集聚，形成了完整的产业链生态，进一步推动了产业的繁荣发展。

三个案例都采用了创新的产业发展模式，为产业的持续发展注入了强大动力。云南斗南构建的"花卉种植+交易市场+物流配送+花卉科技"一体化模式，实现了花卉产业从源头到终端的全流程优化。在花卉种植环节，与科研机构合作，开展花卉新品种培育和种植技术创新，提升花卉品质和产量。交易市场引入国际先进的电子拍卖交易系统，实现了高效、公平的交易。物流配送方面，与多家知名物流企业合作，构建覆盖全国及部分国际市场的冷链物流网络，确保花卉在运输过程中的新鲜度。花卉科技研发则为产业的可持续发展提供了技术支撑，不断培育出适应市场需求的新品种。

贵州湄潭茶叶产业采用的"公司+合作社+农户"模式，充分发挥了各方优势。公司凭借资金和技术优势，负责茶叶的加工和市场拓展。例如，湄潭兰馨茶业有限公司不仅投资建设现代化加工厂，还积极开拓国内外市场，并出口到俄罗斯、欧盟等国家和地区。合作社组织农户进行标准化种植，为农户提供技术指导和农资供应。湄潭县共有茶叶专业合作社 100 余个，覆盖了全县 80% 以上的茶农。合作社定期邀请茶叶专家为农户开展技术培训，每年培训人数超过 5000 人次。农户按照标准进行茶叶种植，确保茶叶品质。这种模式实现了三方互利共赢，提高了产业的组织化程度和市场竞争力。

广西百色芒果产业采用"政府引导+企业带动+农户参与"发展模式，政府在产业发展中发挥了重要的引导作用。近年来，百色市政府累计投入产业扶持资金 5 亿元，用于芒果种植基地建设、种苗培育、技术培训等方面。同时，出台一系列优惠政策，吸引企业投身芒果产业。企业通过建立芒果种植基地、加工生产线，带动农户参与芒果种植和加工。农户在企业的带动下，按照标准化要求进行芒果种植，提高芒果品质。企业还为农户提供技术指导和农资供应，确保农户能够种出优质的芒果。此外，百色积极发展芒果深加工产业，开发芒果汁、芒果干、芒果酱等产品，延伸产业链，提高产业附加值。

品牌建设是产业成功的关键因素之一，上述案例在品牌建设方面都采取了一系列行之有效的措施。云南斗南花卉通过举办各类花卉展览、花卉文化节等活动，提升品牌知名度。贵州湄潭打造"湄潭翠芽"和"遵义红"两大品牌，制定严格的品牌标准，对茶叶的外形、色泽、香气、滋味等方面进行规范，确保品牌茶叶的品质稳定。广西百色芒果通过举办芒果文化节、参加农产品展销会等活动，提升品牌知名度。每年举办的百色芒果文化节，吸引来自全国各地的游客和芒果采购商。在文化节期间，举办芒果采摘体验、芒果美食节、芒果产业发展论坛等一系列活动，进一步丰富了品牌内涵。

在市场推广方面，三个案例都积极拓展多元渠道，以扩大产品的市场覆盖面。云南斗南花卉市场和广西百色芒果都充分利用线上线下相结合的方式进行市场推广。贵州湄潭茶叶通过参加展销会展示品牌形象，并与电商平台合作拓展线上销售，通过淘宝、京东等电商平台，湄潭茶叶能够快速送达全国各地消费者手中，线上销售额占总销售额的比例逐年提高，目前已达30%以上。

这些成功案例表明，滇黔桂革命老区特色农业产业要取得发展，需从扩大产业规模、创新发展模式、加强品牌建设和拓展市场推广渠道等多方面发力。各地应结合自身特色资源和优势，充分整合政府、企业、农户等各方资源，形成合力，不断提升产业综合竞争力，推动特色农业产业高质量发展，助力乡村振兴和区域经济发展。

6.2.2 对其他地区的启示

6.2.2.1 因地制宜推进规模化与集群化

云南斗南、贵州湄潭和广西百色的成功案例表明，规模化与集群化是特色农业产业发展的重要路径。对于其他地区而言，首先要深入调研本地的自然资源、气候条件以及传统种植养殖习惯，精准定位适合发展的特色农业产业。例如，在北方一些光照充足、昼夜温差大的地区，适合发展葡萄、苹果等水果种植产业，可参考百色芒果的规模化种植模式，整合土地资源，扩大种植规模，形成区域化的产业布局。

在推进规模化生产的过程中，要注重产业集群的培育。以斗南花卉产业为例，产业集群不仅包括花卉种植，还涵盖了交易市场、物流配送、包装印刷等多个环节。其他地区在发展特色农业时，应围绕核心产业，吸引上下游企业集聚。比如，在发展蔬菜种植产业时，可引入蔬菜加工企业，将蔬菜加工成脱水蔬菜、蔬菜罐头等产品，提高产业附加值；同时，吸引农资供应商、冷链物流企业等入驻，形成完整的产业链条。通过产业集群的发展，实现资源共享、技术交流和协同创新，降低生产成本，提高产业的整体竞争力。

6.2.2.2 结合实际创新发展模式

这三个案例的创新发展模式为其他地区提供了宝贵的经验。对于经济相对发达、企业实力较强的地区，可以借鉴云南斗南的"花卉种植+交易市场+物流配送+花卉科技"一体化模式。加大对农业科技的投入，与科研院校合作，开展新品种培育、种植技术创新等研究，提升产业的科技含量；同时，建设现代化的交易市场，引入先进的交易模式，提高交易效率；加强物流配送体系建设，确保农产品能够及时、保鲜地送达市场。

对于农业产业化程度较低、农户分散经营的地区，贵州湄潭的"公司+

合作社+农户"模式具有重要的参考价值。政府可以引导企业与农户建立紧密的合作关系，通过合作社组织农户进行标准化生产，企业提供技术、资金和市场渠道支持。例如，在发展中药材种植产业时，企业可以与农户签订收购合同，确保农产品的销售渠道；合作社负责组织农户按照标准化的种植技术进行生产，提供技术培训和农资采购服务，提高农户的组织化程度和生产效益。

而对于政府资源整合能力较强的地区，广西百色的"政府引导+企业带动+农户参与"模式值得学习。政府应制定科学的产业发展规划，加大对特色农业产业的扶持力度，通过财政补贴、税收优惠等政策，吸引企业投资；企业发挥自身优势，带动农户参与产业发展，形成产业发展的合力。

6.2.2.3 全方位加强品牌建设

品牌建设是提升特色农业产业竞争力的关键。其他地区在发展特色农业时，要树立品牌意识，打造具有地域特色的农产品品牌。首先，要制定严格的品牌标准，确保农产品的品质稳定。例如，贵州湄潭制定了"湄潭翠芽"和"遵义红"的品牌标准，对茶叶的外形、色泽、香气、滋味等方面进行规范，保证了品牌茶叶的品质。其他地区在打造农产品品牌时，也应根据产品特点，制定相应的质量标准，从源头保障品牌形象。

此外，要加强品牌宣传推广。可以借鉴云南斗南市场举办花卉展览、文化节，贵州湄潭举办茶文化节、参加茶博会，广西百色举办芒果文化节、参加农产品展销会等方式，通过举办各类农业文化活动，提升品牌知名度和影响力。同时，利用电视、报纸、网络等媒体进行全方位的宣传推广，讲好品牌故事，传播地域文化，增强品牌的吸引力和美誉度。此外，还可以积极申请国家地理标志产品认证等，提升品牌的价值和公信力。

6.2.2.4 多渠道拓展市场

在市场推广方面，三个案例的多元化推广渠道为其他地区提供了有益的思路。一方面，要巩固线下传统市场渠道，与各大超市、批发商、零售商建立长期稳定的合作关系，将农产品打入主流市场。例如，百色芒果已进入全国各大城市的大型超市，为产品的销售提供了稳定的渠道。其他地区的特色农产品也应积极拓展线下销售网络，提高产品的市场覆盖面。

另一方面，要充分利用互联网平台，开展线上销售。随着电商的快速发展，线上销售已成为农产品销售的重要渠道。可以借助淘宝、京东、拼多多等电商平台，开设农产品旗舰店，进行产品展示和销售；利用抖音、快手等直播平台，开展直播带货活动，通过主播的介绍和展示，吸引消费者购买。同时，要加强农产品的电商运营管理，提高产品的包装、物流配送和售后服务水平，提升消费者的购物体验。

此外，还可以结合当地的旅游资源，发展农业旅游。贵州湄潭通过发展茶叶旅游，打造茶文化体验游线路，吸引游客前来参观、体验，不仅增加了旅游收入，还提升了茶叶的市场知名度和销量。其他地区可以借鉴这种模式，开发农业观光、采摘体验、农事活动等旅游项目，将农业与旅游深度融合，拓展农产品的销售渠道，实现产业的多元化发展。

综上所述，云南斗南花卉、贵州湄潭茶叶和广西百色芒果的成功经验，为其他地区发展特色农业产业提供了全方位的启示。各地应结合自身实际情况，灵活运用这些经验，在规模化与集群化发展、发展模式创新、品牌建设和市场推广等方面积极探索，走出一条适合本地特色农业产业发展的道路，促进农业增效、农民增收，推动乡村振兴战略的实施。

6.3 失败案例反思

6.3.1 案例选择与背景

滇黔桂地区某县某村地处横断山脉无量山西侧，属于亚热带高原山地季风气候，四季温暖湿润，有着丰富的光热资源，且土壤富含多种矿物质，为辣椒种植提供了得天独厚的自然条件。长期以来，当地村民就有小规模种植辣椒的习惯，所产辣椒以其独特的香辣口感和厚实的肉质，在周边集市上小有名气。

随着特色农业产业发展理念的推广，当地政府期望通过发展特色农业带动村民增收致富，并将目光聚焦在该村的辣椒种植上。在政府的积极引导与扶持下，该村村民纷纷扩大辣椒种植规模，短短几年间，种植面积从最初的几百亩迅速增长至数千亩。同时，为了延伸产业链，当地引入了几家小型农产品加工企业，试图打造从种植、加工到销售的一体化产业模式。

但随着辣椒种植规模的急剧增长，一系列问题接踵而至。在种植环节，由于村民大多依靠传统经验种植，缺乏科学系统的种植技术培训，面对病虫害时，应对手段有限。例如，在某年辣椒生长旺季，遭遇了大面积的炭疽病侵袭，由于防治不及时，超过 30% 的辣椒受到影响，果实出现病斑、腐烂等情况，严重影响了辣椒的产量和品质。

在市场拓展方面，该村辣椒产业过度依赖传统的线下销售渠道，主要通过当地的农产品批发商销往周边城市的农贸市场。当辣椒集中上市时，市场上供大于求，价格大幅下跌，而且，当地缺乏完善的市场信息收集与分析体系，村民和企业难以及时掌握市场需求变化，导致大量优质辣椒滞销在田间地头。

此外，该村辣椒产业缺乏品牌建设意识，产品包装简陋，宣传推广力度不足，在市场上知名度较低，难以与其他地区的知名辣椒品牌竞争。在加工环节，引入的小型加工企业设备陈旧、技术落后，加工产品类型单一，主要以简单的辣椒面、辣椒酱为主，无法满足市场多样化的需求，进一步限制了辣椒产业的发展空间。多种因素相互叠加，致使该村辣椒产业陷入滞销困境，给当地村民和相关企业带来了巨大的经济损失，也为滇黔桂地区特色农业产业发展敲响了警钟。

6.3.2 问题剖析

其一，政策层面。虽然当地政府积极推动该村辣椒产业发展，在扩大种植规模上给予了一定支持，但政策存在明显的不完善之处，在产业规划上缺乏长远眼光，仅仅注重种植面积的扩张，却未充分考虑到后续的市场消化能力、产业配套设施建设等问题。例如，没有对种植规模与市场需求之间的关系进行科学的调研和预测，盲目鼓励村民扩大种植，导致供过于求。同时，政策扶持的针对性不足，对辣椒种植户的技术培训力度不够，使得农民难以获得专业的种植技术指导；对农产品加工企业的扶持政策也未能充分激发企业的创新活力，导致企业在设备更新、技术升级方面缺乏足够的资金支持。此外，政府在市场监管方面存在漏洞，没有建立有效的农产品价格调控机制，当辣椒市场价格大幅波动时，无法及时进行干预，以保障农民和企业的利益。

其二，市场层面。市场信息的不对称是导致该村辣椒产业滞销的重要原因之一。当地缺乏专业的市场调研机构和信息收集平台，种植户和企业无法及时、准确地掌握市场动态，包括辣椒的市场需求、价格走势、竞争对手情况等。在种植决策上，村民往往凭借经验和直觉，而不是基于市场需求数据，这就导致种植的辣椒品种和数量与市场需求脱节。当市场对某种辣椒品种需求下降时，该村仍在大量种植该品种，造成滞销。同时，销售渠道单一也是一大问题，过度依赖传统的线下批发商和农贸市场，未能充分开拓电商、直播带货等新兴销售渠道。在电商快速发展的时代，这种单一的销售模式限制了产品的销售范围和销量，使得该村辣椒在市场竞争中处于劣势。此外，品牌建设滞后，该村辣椒缺乏独特的品牌形象和品牌价值，在市场上难以形成差异化竞争优势，消费者对其认知度和认可度较低，进一步影响了产品的销售。

其三，技术层面。在种植技术上，该村辣椒种植户普遍缺乏科学种植技术。大部分农民仍采用传统的种植方法，在土壤改良、施肥、病虫害防治等方面存在诸多不合理之处。例如，施肥时缺乏科学配比，导致土壤养分失衡，影响辣椒的生长和品质；在病虫害防治方面，主要依赖化学农药，不仅造成环境污染，还容易导致辣椒农药残留超标，降低产品质量。同时，缺乏有效的病虫害预警机制，当病虫害大规模爆发时，无法及时采取有效的防治措施。在加工技术上，引入的小型加工企业设备落后，加工工艺简单，无法充分挖掘辣椒的附加值。例如，只能生产简单的辣椒面、辣椒酱,对于一些高端的辣椒精深加工产品,如辣椒红素提取、辣椒油加工等,因技术限制无法开展,而且,加工过程中的质量控制技术不完善,产品质量不稳定,难以满足市场对高品质辣椒加工产品的需求。

其四,人才层面。人才短缺是制约该村辣椒产业发展的关键因素之一。在种植环节,缺乏专业的农业技术人才为农户提供指导。多数农户仅凭经验种植,对于先进的种植技术和管理理念知之甚少。例如,在辣椒的整枝打杈、疏花疏果等关键技术环节,由于缺乏专业指导,农户操作不当,导致辣椒产量和品质受到影响。在产业管理方面,缺乏懂市场、会经营的专业人才。当地的辣椒种植合作社和加工企业,管理人员多为本地村民,缺乏市场营销、企业管理等方面的专业知识。在制订生产计划和销售策略时,往往缺乏科学性和前瞻性,无法根据市场变化及时调整经营策略。此外,由于农村地区发展机会有限,薪资待遇较低,难以吸引和留住高素质的专业人才,导致产业发展缺乏智力支持。

其五,资金层面。资金不足严重阻碍了该村辣椒产业的发展。在种植阶段,农户缺乏足够的资金用于购买优质种子、化肥、农药以及先进的农业设备。部分农户为了节省成本,只能购买价格低廉但质量难以保证的农资产品,这直接影响了辣椒的产量和品质。例如,使用劣质种子可能导致辣椒品种不纯,抗病性差,产量低下。在加工环节,企业因资金短缺,无法及时更新设备和引进先进技术。老旧的加工设备不仅生产效率低下,而且产品质量难以保证。同时,资金不足也限制了企业的研发投入,无法开发出具有市场竞争力的新产品。在市场推广方面,由于缺乏资金进行品牌宣传和市场拓展,该村辣椒的知名度和市场占有率难以提高,无论是参加农产品展销会,还是投放广告进行品牌推广,都需要大量资金支持,而资金的匮乏使得这些活动难以开展。

6.3.3 教训总结

6.3.3.1 教训与警示

其一,政策制定需科学全面。政策制定不能仅着眼于短期的规模扩张，而应综合考量产业发展的各个环节和长远影响。该村辣椒产业因政策缺乏对市场需求和产业配套的充分调研，盲目鼓励种植，最终导致滞销。这警示后续在推动特色农业产业发展时，政策制定要以科学调研为基础，充分考虑市场容量、产业链完整性以及可持续发展等因素，避免因政策失误引发产业危机。在实际操作中，政策制定者应深入基层，了解当地的自然条件、产业基础和农民需求，结合市场趋势制定切实可行的产业发展规划。同时，要建立政策评估和调整机制，根据产业发展情况及时优化政策。

其二，市场信息至关重要。市场信息的缺失或不准确会使农业生产与市场需求严重脱节。该村由于缺乏专业的市场调研和信息收集平台，农民和企业在种植和经营决策上盲目跟风，造成产品滞销。这表明在特色农业产业发展中，及时、准确的市场信息是产业健康发展的关键，忽视市场信息将使产业面临巨大风险。为了获取准确的市场信息，需要建立完善的市场信息收集和分析体系，利用大数据、物联网等先进技术，实时监测市场动态。同时，要加强对农民和企业的信息培训，提高他们对市场信息的分析和运用能力。

其三，技术是产业竞争力核心。落后的种植和加工技术严重制约了该村辣椒产业的发展。传统种植技术导致产量和品质不稳定，加工技术落后无法挖掘产品附加值。这提醒后续发展特色农业产业必须重视技术创新和应用，提升技术水平，否则难以在市场竞争中立足。在技术创新方面，政府应加大对农业科研的投入，鼓励科研机构与企业合作，开展产学研一体化项目。同时，要加强对农民和企业的技术培训，提高他们对新技术的接受和应用能力。

其四，人才是产业发展的动力。人才短缺使得该村辣椒产业在种植、管理和经营等方面暴露出各种问题。缺乏专业技术人才和管理人才，导致产业发展缺乏创新和科学规划。这警示我们人才是特色农业产业发展的核心动力，没有人才支撑，产业难以实现可持续发展。为了解决人才问题，一方面要加强对本土人才的培养，依托当地的教育资源，开设农业技术和管理培训课程；另一方面要出台优惠政策，吸引外部人才流入，为产业发展注入新的活力。

其五，资金是产业发展的保障。资金不足限制了该村辣椒产业在种植、加工和市场推广等方面的投入，影响了产品质量和市场竞争力。这说明资金是特色农业产业发展的重要保障，拥有充足的资金才能支持产业进行设备更新、技术研发和市场拓展。在资金筹集方面，政府应加大财政支持力度，设立专项产业发展基金。同时，要引导金融机构创新金融产品，为农业产业提供多元化的融资渠道。此外，还可以鼓励社会资本参与，通过合作经营、投资入股等方式，解决产业发展的资金瓶颈。

6.3.3.2 改进方向

其一，优化政策体系。政府应加强对特色农业产业的科学规划，深入调研市场需求和本地资源优势，制定合理的产业发展规模和方向。加大对技术培训和产业创新的扶持力度，设立专项补贴资金，鼓励农民和企业学习先进技术，开展创新实践。建立健全农产品价格调控机制和市场监管体系，稳定市场价格，维护市场秩序。在政策实施过程中，要加强部门之间的协调配合，形成政策合力。同时，要加强对政策执行情况的监督和评估，确保政策落地见效。

其二，强化市场信息服务。应建立专业的市场调研机构和信息收集平台，利用大数据、物联网等技术，实时收集和分析市场信息，为农民和企业提供准确的市场动态、价格走势和需求预测等信息，以指导生产和经营决策。积极拓展销售渠道，鼓励电商、直播带货等新兴销售模式，构建多元化的销售网络，提高产品的市场覆盖面和销量。加强品牌建设，挖掘特色农产品的文化内涵和独特价值，打造具有地域特色和市场竞争力的品牌，提升产品知名度和美誉度。在品牌建设过程中，要注重品牌形象塑造和品牌传播，通过参加农产品展销会、举办品牌推广活动等方式，提高品牌影响力。

其三，提升技术水平。加大对农业科研的投入，鼓励科研机构和企业开展合作,研发适合本地的先进种植和加工技术。加强对农民的技术培训,定期组织技术讲座和现场指导,提高农民的科学种植水平。推动加工企业技术升级,引进先进的加工设备和工艺,提高产品附加值和质量稳定性。建立病虫害预警和防控体系,运用现代信息技术和生物技术,及时发现和防治病虫害,保障农产品质量安全。在技术提升过程中,要注重技术的实用性和可操作性,确保新技术能够被农民和企业有效应用。

其四,加强人才培养与引进。制订人才培养计划,依托当地农业院校和职业培训机构,开展针对特色农业产业的专业培训,培养一批懂技术、会管理、善经营的本土人才。出台优惠政策,吸引外部高素质人才投身特色农业产业发展,为产业注入新的活力和理念。建立人才激励机制,提高人才待遇,为人才提供良好的发展空间和平台,留住人才。在人才培养和引进过程中,要注重人才结构的优化,满足产业发展不同环节的人才需求。

其五,拓宽资金筹集渠道。政府应加大对特色农业产业的财政支持力度,设立产业发展专项资金,用于扶持种植户、加工企业和产业基础设施建设。引导金融机构创新金融产品和服务,为农业产业提供低息贷款、农业保险等金融支持,降低产业发展风险。鼓励社会资本参与特色农业产业发展,通过招商引资、投资入股等方式,吸引更多资金投入,解决产业发展的资金瓶颈问题。在资金使用过程中,要加强资金管理和监督,提高资金使用效率。

第七章　国内外特色农业发展的经验借鉴

7.1　荷兰特色花卉产业模式

7.1.1　基本情况

独特的温带海洋性气候对荷兰的鲜花的生长很有好处。花是荷兰最重要的出口产品，每年的销售额高达 120 亿美金，占据了全世界花卉贸易的半壁江山，为荷兰带来了非常可观的经济收入，也奠定了荷兰在花卉市场的国际地位。

7.1.2　主要做法及成效

荷兰的花木栽培已有几百年的历史，但荷兰的花卉产业是在 19 世纪末期，荷兰政府实施了一个"三角顶点"的教育、科学和信息计划后才形成的。之后荷兰的花卉产业在农机化、园艺化、温室化等条件下得到迅速发展。20 世纪 80 年代，荷兰政府以其丰富的天然气自然资源，大力支持发展温室花卉种植等生产模式，从而解决了花卉无法一年四季供应的问题，并为引进先进科技、实行集约化管理奠定了基础，使花卉产业向专业化和集约化方向发展。荷兰的花卉产业正式形成，并逐渐成为世界上最具竞争力的国家之一。20 世纪 90 年代以来，荷兰开始加大研发的投入，充分利用科技力量培育新品种以及进行技术攻关，通过采后加工与品质检测技术、实行多种销售模式、企业集团合并、将生产基地迁移到廉价地区等方式，取得了越来越显著的竞争优势，并进一步巩固了自己在全球花卉行业中的领先地位。时至今日，荷兰约有5.6%的土地种植多种园艺作物，如鲜花，鲜花的种植区有5000多公顷，鲜花的生产公司有1万多个，这些公司都以机械化的生产模式进行专业化生产，生产的专业化程度很高。花主要以月季、百合等新鲜切花为主。当前，随着国家间竞争的不断加剧和能源价格的上涨，鲜切花的种植与生产出现了较大幅度的萎缩，因此，人们将目光投向了具有较高利润的盆景花卉的种植与生产之中。荷兰中、西威斯兰地区有众多的花业公司及相关机构，它们之间经过长时间的竞争与合作，逐渐形成了一个互为补充、共生共荣的花业集群。

荷兰是全球最大的花卉输出国，已建立起一套较为完备的科研、种植和销售系统。在科学研究上，荷兰种类繁多的花艺研究所，为花艺业的发展提供了广阔的智力支持，其中包括花艺遗传学、生理生化、育种、栽培技术，以及资源引进与发展。除了灯泡花以一般的交易方式进行交易外，荷兰的花市大多以拍卖会的方式进行交易。花农们以会员的身份参加拍卖会，根据规则，会员们所种植的花都要在这个拍卖会上出售。荷兰最大的花市，有超过4900个成员，每年的营业额达到43亿欧元。

7.1.3　经验启示

（1）得天独厚的地理环境，为花卉的发展提供了有利的条件。西部是荷兰最大的花卉产地，西部靠近大海，又受到北大西洋洋流的影响，形成一种温暖湿润、温和的海洋性气候，尤其适合花木生长。

（2）花卉产业形成了完整的产业链，包括科研、种植和销售等多个方面。通过产业链的不断完善，逐步形成产业集聚区。随着产业集群不断扩大，荷兰的花卉产业也在整个市场上占据了重要的市场份额。其产业在生产上具有较高的分工和专业化程度，从育种、栽培到拍卖等各个环节都有很好的产业链。研究机构主要负责培育品种，政府为其提供研究支持，新品种在拍卖市场上进行销售，同时还建立了一套完善的服务系统，既给企业带来了便利性，又获得了金融机构方面的支持，这些逐步构成荷兰花卉行业的核心竞争力。

7.2 日本"一村一品"模式及特色

7.2.1 基本情况

日本"一村一品"模式起源于 20 世纪 70 年代，当时日本农村面临人口老龄化、产业空心化等问题，为了激活农村经济，大分县前知事平松守彦提出了这一概念。该模式鼓励各地根据自身的自然资源、文化传统和产业基础，开发具有地域特色的产品，通过提升产品品质、拓展销售渠道以及品牌建设，带动区域经济发展，进而推动乡村发展。

在实施范围上，"一村一品"模式从最初的大分县逐步推广至全日本。各地挖掘本地特色，产品种类丰富多样，涵盖农产品、手工艺品、旅游纪念品等多个领域。例如，静冈县的茶叶产业，凭借当地优越的自然环境和悠久的种植历史，培育出高品质的绿茶，成为当地的标志性产品。静冈县不仅拥有先进的茶叶种植技术，还在茶叶加工、茶文化旅游等方面进行深度开发，形成了完整的产业链。

在农产品方面，除了静冈茶叶，还有群马的草莓。群马县通过科学种植管理，培育出甜度高、口感好的草莓品种，在日本国内市场占据重要地位。当地建立了完善的冷链物流体系，确保草莓在运输过程中的新鲜度，同时举办草莓采摘节等活动，吸引大量游客前来体验，将农业与旅游业有机结合。

在手工艺品领域，岐阜县的美浓和纸闻名遐迩。美浓和纸有着上千年的制作历史，传承了精湛的手工造纸技艺。当地政府和企业共同努力，保护传统工艺，大力培养年轻一代的造纸工匠，并对美浓和纸进行创新设计，开发出笔记本、贺卡、装饰画等多种文创产品，使其不仅在日本国内畅销，还远销海外。

从成效来看，"一村一品"模式极大地促进了日本乡村经济的发展。一方面，提升了农村居民的收入水平，特色产品的开发和销售为农民提供了更多的增收渠道；另一方面，增强了乡村的吸引力，吸引年轻人回乡创业，缓解了人口老龄化和空心化问题。同时，该模式还促进了地方文化的传承与发展，地域特色产品成为传播地方文化的重要载体，提升了乡村的文化软实力。

7.2.2　主要做法及成效

其一，品牌建设经验。日本在"一村一品"模式下，对品牌建设极为重视，形成了一套行之有效的方法体系。在文化内涵挖掘上，以京都宇治的抹茶为例，宇治地区拥有千年以上的茶叶种植历史，孕育出了独特的抹茶文化。当地通过精心修缮历史悠久的茶社，举办复古的抹茶品鉴会，以及编写关于抹茶起源、发展的故事书籍，将抹茶与京都的历史文化紧密融合。这种文化溯源让宇治抹茶不仅是一种饮品原料，更成为日本传统文化的象征，极大提升了品牌的文化价值与吸引力。

其二，在质量把控环节，严格质量标准。以北海道的牛奶为例，北海道制定了严格的牧场环境标准，要求牧场周边一定范围内无工业污染，土壤、水源需定期检测；在奶牛养殖上，规定了饲料的种类、配比以及喂养时间；牛奶采集后，对其脂肪含量、蛋白质含量、微生物指标等进行严格检测。只有完全符合这些标准的牛奶才能贴上"北海道牛奶"的品牌标签，凭借过硬的质量，北海道牛奶在日本乃至国际市场都备受认可。

其三，在宣传推广方面，除传统渠道外，还积极利用新媒体平台。比如大分县的丰后牛，除了在国内的美食展会、农业博览会上展示，还通过短视频平台发布丰后牛的养殖过程、烹饪方法等视频，吸引大量粉丝关注。同时，邀请知名美食博主、网红进行推广，借助他们的影响力迅速提升品牌知名度，让丰后牛成为备受追捧的高端牛肉品牌。

其四，产业链延伸经验。在产业链延伸方面，日本"一村一品"模式展现出了强大的产业融合能力。以高知县的土佐和纸产业为例，在传统和纸制作基础上，和纸企业与时尚设计师合作，将和纸融入服装设计中，制作出兼具传统美感与现代时尚的服装系列；与建筑设计师合作，开发出和纸壁纸、和纸屏风等室内装饰材料，应用于高端住宅和酒店装修，并且，以和纸为主题打造了和纸博物馆、和纸艺术工作室等旅游景点，游客可以在这里学习和纸制作工艺，参与和纸艺术创作，购买独具特色的和纸文创产品，实现了从传统手工业到文化创意产业、旅游产业的深度融合。

在农产品领域，以山形县的樱桃产业为例，除了新鲜樱桃销售，还开发了樱桃酒、樱桃果酱、樱桃果脯等深加工产品。山形县建设了樱桃主题公园，园内设有樱桃采摘区、樱桃文化展示区、樱桃美食体验区等。游客在采摘樱桃的同时，还能了解樱桃的种植历史，品尝各种樱桃美食，购买樱桃深加工产品。此外，山形县还与电商平台合作，开展樱桃产品线上销售，拓宽销售渠道，形成了种植、加工、销售、旅游于一体的完整产业链。

通过这些品牌建设和产业链延伸的举措，日本"一村一品"模式取得了显著成效。在经济层面，大幅提高了产品的市场竞争力和附加值，为当地带来丰厚的经济收益。例如静冈茶叶产业链的延伸，使其茶叶产业总产值连续多年保持增长，带动了当地 GDP 的提升。在社会层面，创造了大量就业岗位，涵盖种植、加工、销售、旅游服务、文化创意等多个领域，吸引众多年轻人回乡就业创业，有效缓解了农村人口老龄化和空心化问题。在文化层面，成功传承和弘扬地方特色文化，使地方文化在现代社会中焕发生机，提升了地方的文化软实力和国际知名度，为乡村发展筑牢根基。

7.2.3 经验启示

其一，精准定位与特色挖掘。日本"一村一品"模式强调挖掘地域特色产品，滇黔桂革命老区可借鉴这一思路，深入调研本地自然环境、文化传统和农业基础。例如，云南拥有丰富的生物多样性，可充分挖掘特色花卉、中药材等品种；贵州独特的喀斯特地貌孕育了刺梨等特色水果；广西的气候条件适宜甘蔗、芒果等作物生长。通过精准定位特色农产品，集中资源进行培育和发展，可有效避免产业同质化竞争，形成具有地域特色的农业产业优势。

其二，强化品牌建设。日本在品牌建设上注重文化内涵挖掘、质量把控和宣传推广。滇黔桂革命老区应学习这种模式，深入挖掘特色农产品背后的红色文化、民族文化等内涵。比如，在广西百色等革命老区，可将芒果与红色文化相结合，讲述芒果种植与革命历史的故事，赋予产品独特的文化价值。同时，建立严格的农产品质量标准体系，加强质量检测和监管，确保产品品质过硬。利用线上线下多种渠道进行品牌宣传，如举办农产品展销会、参加电商直播活动等，提升品牌知名度和美誉度。

其三，推动产业链延伸与融合。日本通过产业链延伸实现了一、二、三产业的深度融合。滇黔桂革命老区可在特色农产品种植的基础上，发展农产品加工业，提高产品附加值。例如，贵州可加大对刺梨深加工产品的研发和生产力度，开发刺梨饮料、刺梨保健品等。同时，将农业与旅游、文化等产业相结合，打造特色农业旅游线路。如云南可依托花卉种植基地，开展花卉观赏、采摘体验等旅游活动；广西可结合甘蔗种植园，开发甘蔗文化旅游项目，让游客了解甘蔗种植、制糖工艺等，促进产业融合发展，拓宽农民增收渠道。

其四，政府引导与支持。日本政府在"一村一品"模式发展过程中发挥了重要的引导和支持作用。滇黔桂革命老区政府应加大对特色农业产业化的政策扶持力度，制定优惠政策，如税收减免、财政补贴等，鼓励企业和农民参与特色农业产业发展。加大对农业基础设施建设的投入，改善交通、水利、物流等条件，为特色农业产业发展提供保障。此外，政府还应搭建合作平台，促进企业、科研机构、农民之间的合作交流，推动农业技术创新和产业升级。

其五，人才培养与引进。日本"一村一品"模式的成功离不开专业人才的支持，滇黔桂革命老区应加强农业人才的培养，依托当地农业院校和职业培训机构，开展特色农业种植、加工、营销等方面的培训，提高农民和从业者的专业素质。同时，制定优惠政策，吸引外部人才投身特色农业产业发展，如吸引农业科技人才、电商人才、品牌策划人才等，为特色农业产业化注入新的活力。

7.3 山东寿光品牌化发展模式

7.3.1 基本情况

山东寿光被称为"蔬菜生产联合国"，是中国有名的"蔬菜之乡"。当前，其蔬菜种植面积仍在不断扩大，已达到 84 万亩，年均可产高品质蔬菜达 40 亿吨。被授予"国家优质农产品"商标的品种有 552 个，拥有国家地理标志产品 14 个，曾获得国家现代农业示范区等荣誉称号。

7.3.2 主要做法及成效

寿光的蔬菜种植有着悠久的历史，早在春秋时期，北魏贾思勰的《齐民要术》就详细记载了寿光的蔬菜种植，但一直到 20 世纪 80 年代中期，受体制等方面的限制，寿光的蔬菜种植仍处于粗放型生产模式，未形成规模，经济效益低下。1989 年，随着"冬暖温室"技术的推广，寿光开启了"四季常青、四季有菜"的"反季节蔬菜"革命。寿光的蔬菜产量、效益都有了很大的提升，蔬菜产业也有了很大的发展，渐渐在全国范围内有了相当的名声。从 1995 年起，蔬菜生产出现了一系列变化，蔬菜生产的重点是提高产品品质，并逐步向"绿色食品"的生产模式转变。

坚持以市场为导向，充分发挥龙头企业的优势，以国内为基础，向海外拓展，同时兼顾国内市场；在此基础上，通过与中国农科院、科技部等单位联合，制定蔬菜生产技术规范，开展标准化生产；通过与农业企业、研究机构联营，大力引进、培育新的蔬菜品种，并在全国范围内推广以无土栽培为主的多种种植方式。同时，依托市农产品质量检验中心，向市场提供"放心菜"，构建蔬菜营销网络。当前山东寿光的蔬菜生产基地发展迅猛，已经培育了韭菜等多个大型生产基地。加工企业、蔬菜生产基地（种植户)、生产资料服务业、种子育苗公司、中介机构、研究机构、政府机构等部门(企业)都是寿光蔬菜产业的重要组成部分,形成了具有很强竞争力的产业集群。

产业集群的发展壮大是一个系统工程,需要集群系统内部各部门协调发力,如种子、化肥、农药等供应商的大力支持,并与科研机构和高等院校开展深度合作,加大对蔬菜品种的培育,提升其种植技术;利用现代信息技术,提高生产的自动化水平,同时加大科技攻关力度,完善工艺标准,进而实现规模化生产,大幅提高产品的质量和产量。产业园区汇集了种苗的培育、农业观光以及种植技术培训等多种功能,示范园区的示范和带动作用明显,有效推进了产业化发展。

7.3.3　经验启示

(1)科技的发展是推动产业集群的重要力量,区域特色产业在发展的过程中要充分发挥科技的力量,依托当地的优势资源禀赋,结合产业基础共同助推产业的发展。政府部门要充分发挥宏观调控的作用,引导产业集群内部的加工企业、种苗培育企业与科研机构深度开展合作,不断提高产品的科技含量,从而促进产业的高质量发展。

(2)产业集群的聚集和发展可以促进产业链的不断完善以及延伸。过去寿光的蔬菜产业主要是以粗放型的方式为主,随着发展的脚步不断加快,目前已逐步开始朝着集群的方向发展,其原因在于产业链的延伸和优化。这也充分说明特色农业产业化的发展过程要重视产业链的发展,完善的产业链体系,可以大力促进产业集群的高质量发展。

7.4　甘肃定西马铃薯产业品牌化模式

7.4.1　基本情况

定西市位于甘肃中部,位于青藏高原的向下延伸与黄土高原的向外延伸交会之处，是西北地区重要的交通枢纽之一。该区气温温和，昼夜温差较大，耕地土层较厚，钾含量较高，7、8、9 三月降水较多，雨、热季节与马铃薯的生长期一致，是马铃薯生长的有利条件。该区的气候具有多样化且拥有复杂的地形地貌，这为马铃薯种植资源的区域化分布提供了得天独厚的有利条件。高淀粉含量的马铃薯和优质蔬菜在以干旱半干旱为主的黄土丘陵地区最受欢迎，因此，位于洮河、渭河等流经的区域，主要种植优质蔬菜和特种马铃薯。通过持续多年的深耕，当地马铃薯的总产量已经超过 500 万吨、种植面积达到了 300 多亩，其产值已经超过了 30 亿元，跃升成为全国排名前三的马铃薯生产基地。

7.4.2 主要做法及成效

马铃薯种植在甘肃定西已有 200 多年的历史，其耕地面积呈上升趋势，已达 100 万亩以上，当地政府曾实施过洋芋工程专项，通过科技创新对本地马铃薯品种进行改良，提高了马铃薯的种植面积，单产的数量有显著提升，并向国外大量出口，主要是用于生产淀粉。随着生产规模的不断扩大，马铃薯逐步发展成为定西最为重要的特色农业产业。近年来，定西依托国家的扶持政策以及科学制定产业发展规划，促使该产业稳步发展。自 2007 年起，围绕建设"中国薯都"这一重大战略目标，马铃薯产业的发展迎来新的发展阶段，呈现出布局科学化、种植集约化、生产标准化、加工精益化的特征，并在产供销方面成绩喜人。

经过多年的发展，定西已经逐步形成包括育种、加工以及储藏于一体的相对较为完善的产业链，并以此为依托，逐步形成了拥有自身特色的农业产业集群。在该产业集群中，有 27 家种植加工企业和大量的农户；其中，20 家万吨以上的龙头企业，形成了年产 350 万吨精制淀粉及其制品的生产能力，包括精制淀粉、全粉和薯片等，拥有 37 个土豆商标，出口到韩国和我国港澳地区后，受到了国内外广大消费者的青睐，并被评为"中国著名商标"。经过长期的发展，该产业目前主要采用"订单式"种植方式，通过以"公司+农户"为主导，在洮河、渭河和漳河河谷川水区，建成了高品质蔬菜和特殊加工生产基地；在南部高寒潮湿地带，建成了高品质蔬菜和种薯生产基地；在北部较为干旱的地区，建成了高品质淀粉和出口商品马铃薯生产基地。市场销售方面，拥有六个大型专业批发市场，中小型交易市场 50 余个，农贸市场近 200 个以及 2000 多个收购点，组成了一个以专业市场为主体，以中小型市场和相关农贸市场为辅，以各种营销机构为主体，以乡村收购点为辅的交易批发和购销服务网络。除此之外，为对园区内的马铃薯生产和销售进行科学的技术指导和信息服务，在园区内还成立了 180 多个各类行业协会，从而形成了强有力的合力，推动了马铃薯产业的发展。

7.4.3 经验启示

（1）在经济落后地区，政府出台支持政策，制定相关的产业规划，是推动特色农业产业集群快速发展的关键因素。政府部门的主要职责在于充分发挥宏观调控的作用，及时出台各项扶持政策以及科学合理地制定产业发展规划，从而有效地解决制约地区经济发展的"瓶颈"问题，并引导各产业充分发挥其地理、政策等方面存在的优势，从而有效促进区域农业产业集群的快速形成并且实现健康有序的发展。

（2）充分发挥龙头企业的带头作用，积极推进产业链的延伸以及不断完善，着力形成具有区域特色的产业集群。要积极探索将新的信息技术融入农业产业的发展当中，推进农业朝着现代化农业的方向转型升级；协调产业集群内部各利益相关群体的矛盾，促进彼此之间的交流与合作，进而提高产业集群的综合竞争力。

7.5 浙江"两山理论"实践

7.5.1 基本情况

浙江安吉地处长三角腹地，境内群山环抱，森林覆盖率高达 70% 以上，拥有丰富的自然资源。然而，在过去很长一段时间里，安吉以传统工业为主导，尤其是建材、化工等产业蓬勃发展。这些产业虽然在短期内带来了一定的经济增长，但也对生态环境造成了严重破坏，如矿山开采导致山体破损、植被破坏，河流被工业废水污染，空气质量下降，生态环境问题日益凸显，当地居民的生活质量也受到影响。

2005年，"绿水青山就是金山银山"理念在安吉余村首次提出，这成为安吉生态经济转型的重要转折点。安吉开始重新审视自身发展模式，下定决心摒弃高污染、高能耗的传统产业，走上生态优先、绿色发展的道路。

在转型过程中，安吉采取了一系列有力措施。首先，大力整治污染企业。政府通过政策引导和行政手段，关闭了大量矿山、水泥厂和化工厂，对保留的企业进行严格的环保监管，要求其升级生产设备，减少污染物排放。同时，加强生态修复工作，对破损山体进行植被恢复，治理河道污染，改善生态环境。

其次，积极培育绿色产业。安吉充分利用丰富的竹资源和优美的自然景观，发展竹产业和乡村旅游业。在竹产业方面，不仅发展传统的竹制品加工，如竹家具、竹工艺品等，还延伸产业链，开发竹纤维、竹炭等高科技产品。在乡村旅游方面，打造了众多以生态为主题的旅游景点，如余村、鲁村等。余村依托良好的生态环境，开发了矿山遗址公园、农家乐、民宿等旅游项目，吸引了大量游客前来观光旅游。鲁村则以田园风光为特色，开展农事体验、乡村美食节等活动，让游客感受乡村生活的乐趣。

经过多年的努力，安吉的生态经济转型取得了显著成效。生态环境得到极大改善，曾经被破坏的山体重新披上绿装，河流清澈见底，空气质量优良天数比例大幅提高，经济发展也实现了质的飞跃，绿色产业成为经济增长的新引擎。2024年，安吉县的竹产业总产值超百亿元，乡村旅游接待游客数量突破千万人次，旅游收入数十亿元。安吉成功实现了从"卖石头"到"卖风景"的转变，成为践行"两山理论"的典范。安吉的经验表明，生态优势可以转化为经济优势，实现生态与经济的良性互动发展。

7.5.2　主要做法及成效

安吉将生态保护作为产业发展的基石，从多方面发力。在森林资源保护上，实施严格的封山育林政策，设立多个自然保护区和生态公益林，严禁非法砍伐。每年投入专项资金用于森林抚育，提升森林质量，使森林覆盖率持续稳定在 70% 以上。丰富的森林资源为竹产业发展提供了源源不断的原材料，保障了竹制品加工企业的稳定供应。例如，安吉的竹地板、竹家具等产品因原材料品质优良，在市场上颇受青睐。目前，全县已有超过 300 家从事竹产品加工的企业，年产值近 200 亿元人民币，带动就业人数超过 10 万人。

在水环境治理方面，全面推行"河长制"，各级河长负责河道巡查与污染治理。通过建设污水处理厂、开展农村生活污水治理工程等，有效减少了污水排放。优质的水源不仅满足了居民生活需求，还为生态养殖、农产品加工等产业提供了保障。如安吉的白茶产业，优质的水源灌溉出高品质的白茶，安吉白茶以其鲜爽的口感和独特的风味闻名全国，成为安吉的特色农产品名片。境内地表水、饮用水、出境水达标率均为 100%，被誉为气净、水净、土净的"三净之地"。

绿色产业的发展为生态保护提供了资金和技术支持。竹产业和乡村旅游业的蓬勃发展，使安吉有更多资金投入到生态修复和环保设施建设中。

同时，产业发展带动了技术创新，这些技术又应用于生态保护领域。例如，乡村旅游中引入的智能垃圾分类系统，利用物联网和大数据技术，实现垃圾的精准分类和高效处理，减少了旅游活动对环境的污染。此外，竹产业中研发的新型竹塑复合材料，在满足建筑、包装等行业需求的同时，相比传统材料更加环保，减少了对环境的负面影响。

安吉积极推动生态与产业的深度融合，形成了生态农业、生态工业和生态旅游业协同发展的格局。在生态农业方面，发展绿色有机农业，推广生态种植和养殖模式，减少化肥、农药使用，生产出绿色、健康的农产品。这些农产品借助乡村旅游的平台，实现了产销对接，游客在乡村旅游过程中，不仅能欣赏自然风光，还能购买到新鲜的有机农产品，如安吉的高山蔬菜、土鸡蛋等。目前，安吉已认证的绿色有机农产品品牌超过 50 个，相关农产品销售额逐年递增。

在生态工业方面，安吉的工业企业注重节能减排和清洁生产，将绿色理念贯穿生产全过程。例如，一些竹纤维加工企业采用先进的生产工艺，实现水资源的循环利用，降低能耗，生产出的环保竹纤维产品深受市场欢迎。2024 年，安吉家具及竹木制品产业基地入选第九批国家新型工业化产业示范基地名单，实现了安吉国家级新型工业化产业示范基地"零的突破"。

生态旅游业则将安吉的自然风光、历史文化和特色产业有机结合，打造出"生态观光+文化体验+休闲度假"的旅游模式，既满足了游客对高品质旅游的需求，又带动了当地经济发展，促进了生态环境的保护和改善。2024 年，安吉乡村旅游接待游客数量突破 2500 万人次，旅游收入达到 200 亿元，占 GDP 比重近 35%。

通过以上协同路径，安吉取得了显著成效。生态环境持续优化，空气质量优良率始终保持在 90% 以上，水体质量达到或优于国家 Ⅲ 类标准。经济发展实现了高质量增长，绿色产业成为经济发展的支柱，2024 年绿色产业占 GDP 的比重达到 60%。居民生活水平显著提高，2024 年农民人均可支配收入达到 45000 元，连续多年保持两位数增长，真正实现了生态美、产业兴、百姓富的有机统一。

7.5.3 经验启示

浙江安吉通过践行"两山理论"，实现了生态保护与产业发展的协同共进，这为滇黔桂地区提供了宝贵的经验借鉴，尤其是在生态农业与红色旅游融合发展方面，具有重要的启示意义。

滇黔桂地区拥有丰富的生态资源和独特的红色文化资源。从生态资源来看，云南的喀斯特地貌、贵州的山地风光以及广西的亚热带森林，都为发展生态农业提供了得天独厚的条件。这里适合种植多种特色农产品，如云南的花卉、贵州的刺梨、广西的芒果等。同时，该地区作为革命老区，红色文化底蕴深厚，拥有众多革命遗址和红色故事，像广西百色起义纪念馆、贵州遵义会议会址、云南红军长征过曲靖时留下的遗迹等，这些都是发展红色旅游的宝贵资源。

从融合的可能性来看，首先，生态农业可以为红色旅游增添新的体验内容。游客在参观红色景点之余，可以参与生态农业体验活动，如在云南的花卉种植基地体验花卉采摘和制作，在贵州的刺梨果园品尝新鲜刺梨，在广西的芒果种植园参与芒果采摘等，丰富旅游体验。其次，红色旅游能够为生态农产品打开市场。借助红色旅游的客流量，生态农产品可以直接面向游客销售，减少中间环节，提高农民收入。例如，在红色旅游景区周边设置生态农产品展销点，将当地的特色农产品作为旅游纪念品进行销售，既能满足游客的购买需求，又能促进生态农业的发展。

在融合发展的路径上，一是加强规划引领。滇黔桂地区应制定统一的生态农业与红色旅游融合发展规划，明确各地区的功能定位和发展重点，避免盲目开发和同质化竞争，实现资源的优化配置。比如，云南可以结合当地的民族文化和生态景观，打造"红色文化+民族风情+生态农业"的旅游模式；贵州则可以依托独特的喀斯特地貌，发展"红色文化+山地生态农业旅游"；广西可利用亚热带风光，打造"红色文化+亚热带生态农业旅游"。二是完善基础设施建设。加大对交通、住宿、餐饮等基础设施的投入，改善旅游环境。修建连接红色景点和生态农业园区的便捷交通线路，提高游客的可达性。同时，提升住宿和餐饮的品质，开发具有当地特色的美食和住宿产品，满足游客的多样化需求。三是强化品牌建设。整合红色文化和生态农业资源，打造具有地域特色的旅游品牌。通过举办红色文化节、生态农业采摘节等活动，加大宣传推广力度，提高品牌知名度和美誉度。例如，联合打造"滇黔桂红色生态之旅"品牌，将红色景点和生态农业园区串联起来，形成完整的旅游线路。

此外，还需要加强人才培养和政策支持力度，培养一批既懂旅游又懂农业的复合型人才，为融合发展提供智力支持。政府应出台相关优惠政策，鼓励企业和农民参与生态农业与红色旅游融合发展，如给予税收减免、财政补贴等。通过这些措施，滇黔桂地区有望实现生态农业与红色旅游的深度融合，推动经济社会的可持续发展，走出一条具有地方特色的绿色发展之路。

第八章 滇黔桂革命老区特色农业产业发展的路径选择

滇黔桂革命老区特色农业产业的发展，面临着基础设施薄弱、科技支撑不足、品牌建设滞后、市场体系不完善等诸多问题，但并非无解，国内外特色农业发展的成功经验可资借鉴。本章将结合前文内容，深入探讨滇黔桂革命老区特色农业产业发展的可行路径。

8.1 加强基础设施建设

8.1.1 交通设施建设

滇黔桂革命老区地形复杂，多山地、丘陵，交通不便成为制约特色农业产业发展的瓶颈问题。参考荷兰花卉产业发展过程中对物流运输的高度重视，老区必须加大对农村公路建设的资金投入。

一方面，要全面提升现有道路等级。当前，老区部分农村公路仅为狭窄的土路或低等级水泥路，难以满足农产品运输需求。应将这些道路升级为柏油路或更高标准的水泥路，路面宽度拓宽至至少 6 米，以保障双向车辆顺畅通行。例如，在云南花卉产区，通往主要种植基地的道路狭窄且路况差，每逢运输旺季，交通拥堵严重，导致鲜切花运输延误，损耗增加。若能修建更多连接花卉产区与城市、物流枢纽的高速公路或高等级公路，可将运输时间缩短至少三分之一。以昆明呈贡花卉产区为例，从产区到昆明长水国际机场，原本运输时间需要 2~3 小时，若修建高等级公路，有望缩短至 1 小时以内，大大减少了鲜切花在运输过程中的损耗，提高了花卉的新鲜度和市场竞争力。

另一方面，必须建立专业的道路维护队伍。这支队伍应配备专业的道路检测设备，定期对道路进行全面巡查。按照规定，至少每月应进行一次常规巡查，每季度进行一次深度检测。一旦发现路面破损、路基沉降等问题，及时进行修复。例如，设立专门的道路维护基金，每年从财政预算中划拨一定比例的资金，用于道路维护材料采购和人员费用支出。同时，制定严格的道路维护标准和考核机制，对维护工作不达标的单位和个人进行问责，确保道路始终保持良好的通行状态，保障农产品运输的顺畅。

8.1.2 水利设施建设

水利设施对于农业生产来说至关重要，它们是确保农作物得以顺利生长的基石。特别是在滇黔桂革命老区，这些地区拥有丰富的农业传统和历史，但令人遗憾的是，由于历史原因和自然条件的限制，部分地区水利设施出现了老化和损坏的情况。这些水利设施的年久失修导致灌溉效率极端低下，不仅影响了农作物的产量，也严重制约了当地农业经济的发展。因此，政府应当采取积极措施，大幅增加资金投入，对这些老化失修的灌溉渠道进行彻底的修缮和现代化升级。如此，可以有效提升灌溉系统的效率，保障农业生产的稳定，进而促进当地经济的繁荣和农民生活水平的提高。

在水资源匮乏地区，可积极借鉴荷兰温室花卉种植中的高效节水技术，大力推广滴灌、喷灌等高效节水灌溉技术。以广西甘蔗种植为例，目前部分蔗田仍采用大水漫灌方式，水资源浪费严重，且灌溉不均匀，影响甘蔗产量和质量。若推广滴灌技术，可根据甘蔗不同生长阶段的需水特点，精准控制供水量，不仅能节约用水 30%~50%，还能使甘蔗产量提高 15%~20%。同时，建设小型水利工程，如蓄水池、水窖等，解决农田灌溉用水问题。在山区，可根据地形条件，每隔一定距离建设一座蓄水池，将雨水、山泉水收集起来，用于农田灌溉。

此外，合理规划水利设施布局也至关重要。通过地理信息系统（GIS）等技术，对老区的地形、水资源分布、农田布局等进行综合分析，制定科学合理的水利设施规划方案，确保偏远山区也能拥有完善的灌溉系统，保障农作物生长所需水分。例如，在贵州的一些山区，由于缺乏合理规划，水利设施分布不均，部分农田灌溉困难。通过科学规划，可在这些地区建设提灌站、铺设灌溉管道，将水源引入农田，提高灌溉覆盖率，促进农作物增产增收。

8.2　强化科技支撑

8.2.1　人才培养与引进

农业科技人才是推动特色农业产业发展的核心动力。政府与相关部门应出台一系列具有吸引力的优惠政策，全面提高农业科技人才的待遇。

其一，设立农业科技人才专项补贴，根据人才的职称、工作年限、科研成果等因素，给予每月 2000～5000 元不等的补贴。同时，提供住房保障，建设人才公寓或给予住房补贴，解决人才的居住问题。在子女教育方面，协调教育部门，确保农业科技人才子女能够优先入读当地优质学校。例如，与云南农业大学、贵州大学、广西大学等高校合作，设立特色农业奖学金，每年选拔 50～100 名优秀学生，给予每人每年 1 万～2 万元的奖学金，鼓励他们毕业后投身老区特色农业建设。

其二，加强与高校、科研机构的合作，建立农业科技人才培养基地。在高校开设特色农业相关专业课程，如特色农产品种植与加工、农业生态与可持续发展等。邀请国内外知名专家学者定期授课，提高学生的专业水平。同时，为学生提供实践机会，与当地农业企业、科研机构建立实习基地，让学生在实践中积累经验。例如，每年安排学生到云南斗南花卉市场、贵州湄潭茶叶基地、广西百色芒果种植园等地实习 3～6 个月，参与实际的生产、科研和管理工作。

8.2.2 科技创新投入

加大农业科技创新投入是提升特色农业产业竞争力的关键所在。政府应显著增加对农业科研的财政支持，设立农业科技创新专项资金，每年投入不少于5亿元。鼓励企业与科研机构合作开展农业科技创新项目，对合作项目给予资金补贴和税收优惠。

在特色农产品种植、养殖技术研发方面，可借鉴荷兰花卉产业在新品种培育、采后加工与品质检测技术等方面的经验。例如，在云南花卉产业中，加大对花卉新品种培育的投入，与科研机构合作，每年培育出5~10个具有自主知识产权的花卉新品种，提高花卉的观赏价值和市场竞争力。在农产品加工、保鲜、物流等关键环节，依靠科技攻关突破技术瓶颈。在贵州的茶叶产业中，加大对茶叶深加工技术的研发投入，开发出茶多酚、茶饮料、茶保健品等多种深加工产品，提高茶叶的附加值。同时，研发先进的茶叶保鲜技术，将茶叶的保鲜期延长2~3个月，降低茶叶在运输和储存过程中的损耗。

8.3 推进品牌建设

8.3.1 树立品牌意识

建立和维护一个强有力的品牌形象，是品牌建设过程中的核心要素。在老区，无论是农户还是企业主，普遍存在着对品牌意识认识不足的问题，这在很大程度上制约了当地产品和服务的市场竞争力。因此，政府及其相关部门肩负着重要的责任，需要通过各种渠道和方法，向当地农户和企业主普及品牌意识。这包括但不限于举办讲座、研讨会、工作坊等活动，以及通过媒体和教育系统进行深入的品牌建设宣传教育，从而帮助当地农户和企业主认识到品牌的力量，激发他们创建和维护自己品牌的热情和行动。

8.3.2 制定品牌发展战略

制定科学的品牌发展战略至关重要，可深入挖掘滇黔桂革命老区特色农产品的地域文化、品质特点等优势，打造具有独特标识和内涵的品牌。

其一，加强品牌质量管控，建立严格的农产品质量标准和检测体系。以云南普洱茶为例，可制定从茶叶种植、采摘、加工、储存到销售的全过程质量标准，对茶叶的外形、色泽、香气、滋味、汤色等指标进行严格规范。建立专业的茶叶质量检测中心，配备先进的检测设备，对普洱茶进行定期检测，确保品牌农产品质量过硬。

其二，利用多种渠道进行品牌推广，除了举办农产品展销会、文化节等活动外，还应充分利用新媒体平台，如抖音、微信公众号等，进行品牌宣传。每年举办农产品展销会不少于5场，文化节不少于3场，可邀请国内外媒体进行报道，提高品牌知名度。在新媒体平台上，开设品牌官方账号，定期发布农产品种植、加工、食用方法等内容，吸引消费者关注。例如，云南普洱茶通过抖音直播带货，邀请知名主播进行推广，每年销售额增长30%以上，品牌知名度和美誉度大幅提升。

8.4 健全市场体系

8.4.1 拓展销售渠道

拓展销售渠道是特色农业产业发展的重要环节，可鼓励发展电商、直播带货等新兴销售模式。

政府可搭建农产品电商平台，投入资金建设电商平台基础设施，包括服务器、网络设备等。为农民和企业提供技术支持和服务保障，组织电商培训，每年培训农民和企业人员不少于3000人次，帮助他们掌握电商运营技巧。同时，加强与大型电商平台的合作，如淘宝、京东、拼多多等，开设滇黔桂革命老区特色农产品专区，给予流量扶持和优惠政策，提高农产品的曝光度和销售量。

借鉴山东寿光蔬菜产业的销售模式，积极与各大超市、批发商建立长期稳定的合作关系。与沃尔玛、家乐福、永辉等大型超市签订长期采购合同，确保农产品的稳定销售渠道。在全国各大城市设立农产品销售办事处，负责与当地超市、批发商对接，及时了解市场需求，调整销售策略，巩固线下传统销售渠道。

8.4.2 加强市场信息服务

加强市场信息服务，建立健全农产品市场信息监测和发布机制。通过大数据、物联网等技术，实时收集和分析农产品市场价格、供求关系等信息。

在农产品产区安装传感器，实时监测农产品的生长环境、产量等信息。利用大数据分析平台，对市场价格、供求关系等数据进行分析预测。例如，通过对云南花卉市场价格和供求数据的分析，预测不同花卉品种在不同季节的市场需求，为花农种植提供决策依据。建立农产品市场预警机制，提前预测市场风险，如价格波动、市场饱和度等。通过短信、微信公众号等方式，及时向农民和企业发布市场信息和预警信息，引导农民和企业合理安排生产和销售计划。

8.4.3 完善市场监管机制

其一，完善市场监管机制，加强对农产品市场的监管力度。建立专业的市场监管队伍，配备执法设备，如检测仪器、执法记录仪等，严厉打击假冒伪劣、哄抬物价等违法行为，对违法企业和个人进行严肃查处，依法吊销营业执照、罚款等。

其二，建立农产品质量追溯体系，利用物联网、区块链等技术，对农产品的生产、加工、销售等全过程进行记录和跟踪。消费者通过扫描产品二维码，即可查询农产品的产地、种植过程、加工企业、检测报告等信息，增强消费者对农产品质量的信任度。例如，广西沙田柚建立质量追溯体系后，消费者对沙田柚的信任度大幅提高，销售量增长 20% 以上。可借鉴荷兰花卉拍卖市场的监管模式，确保市场交易的公平、公正、公开。建立市场交易投诉处理机制，及时处理消费者和企业的投诉，维护市场秩序。

8.5　促进产业融合发展

8.5.1　农产品加工

推动特色农业与第二产业深度融合，加大对农产品加工企业的扶持力度。设立农产品加工产业发展基金，每年投入不少于 3 亿元，用于支持农产品加工企业的技术改造、设备购置、新产品研发等。引进先进的加工技术和设备，提高农产品加工转化率和附加值。

以广西蔗糖产业为例，引进先进的制糖技术，提高蔗糖的提取率和纯度，降低生产成本。同时，开发蔗糖深加工产品，如焦糖色素、木糖醇、生物乙醇等，延伸产业链。培育壮大一批农产品加工龙头企业，对龙头企业给予税收优惠、贷款贴息等政策支持。例如，重点扶持广西农垦糖业集团等龙头企业，鼓励企业开展技术创新和品牌建设，带动整个蔗糖产业的发展。

8.5.2　农业旅游

结合滇黔桂革命老区的自然风光、民俗文化和特色农业产业，发展农业旅游，同时开发农业观光、采摘体验、农家乐等旅游项目。

在云南花卉产区，可打造花卉主题旅游小镇，建设花卉博物馆、花卉主题公园、花卉种植体验园等旅游景点。游客可以参观花卉种植基地，了解花卉种植技术，参与花卉采摘和制作，品尝花卉美食。在贵州茶园，建设茶园旅游度假区，提供茶园观光、茶叶采摘、制茶体验、茶艺表演等服务。在广西水果采摘基地，开发水果采摘旅游项目，让游客在水果成熟季节，亲自采摘水果，体验乡村生活。

打造一批具有地域特色的农业旅游示范点，每个省份每年打造不少于 5 个示范点。加强旅游基础设施建设，完善交通、住宿、餐饮等配套设施。例如，在旅游示范点周边建设停车场、游客服务中心、农家乐等，提高旅游接待能力。借鉴荷兰花卉产业与旅游产业融合的经验，提升农业旅游的品质和吸引力。举办花卉旅游节、茶文化节、水果采摘节等活动，吸引游客前来观光旅游，促进农业与旅游产业的协同发展，拓宽农民增收渠道。

8.6 政策支持与引导

8.6.1 政府扶持政策

政府应出台一系列扶持政策，加大对特色农业产业的资金投入、税收优惠、信贷支持等。设立特色农业产业发展专项资金，每年投入不少于 10 亿元，用于支持农业基础设施建设、科技创新、品牌建设等。

参考甘肃定西马铃薯产业发展中政府的扶持政策，对从事特色农业产业的企业和农户给予税收减免。对农产品加工企业，减免企业所得税 30%～50%；对农户，减免农业税、土地使用税等。同时，引导金融机构加大对特色农业产业的信贷支持，设立农业产业信贷担保基金，为企业和农户提供融资担保。例如，为云南花卉企业提供贷款担保，帮助企业获得银行贷款，解决企业融资难问题。

8.6.2 产业规划制定

制定科学合理的特色农业产业发展规划，明确产业发展目标、重点和布局。根据滇黔桂革命老区的自然资源、气候条件和产业基础，因地制宜发展特色农业产业。

云南可重点发展花卉、茶叶、咖啡等产业，规划建设花卉产业园区、茶叶产业带、咖啡种植基地等。贵州可发展中药材、辣椒、刺梨等产业，打造中药材种植基地、辣椒加工园区、刺梨产业示范区等。广西可发展水果、蔗糖、桑蚕等产业，建设水果种植基地、蔗糖产业集群、桑蚕产业园区等。加强对产业规划的实施和监督，成立产业规划实施领导小组，定期对产业发展情况进行评估和考核，确保产业发展按照规划有序推进。

8.7　生态保护与可持续发展

8.7.1　生态农业发展

在特色农业产业发展过程中，要注重生态保护，发展生态农业。借鉴荷兰花卉产业在生态种植方面的经验，推广绿色种植、养殖技术，减少化肥、农药的使用。

推广有机肥料的使用，建立有机肥料生产基地，每年生产有机肥料不少于 100 万吨。推广生物防治技术，利用害虫天敌、生物农药等防治病虫害，减少化学农药的使用量。采用生态循环模式，如"养殖—沼气—种植"模式，实现对资源的高效利用和循环利用。在养殖环节，建设沼气池，将畜禽粪便转化为沼气，用于农村生活能源和农业生产；沼渣、沼液作为有机肥料，用于农田灌溉，提高土壤肥力。加强农产品质量安全监管，建立农产品质量安全检测体系，对生态农产品进行定期检测，确保生态农产品的质量和安全。

8.7.2　贯彻可持续发展理念

贯彻可持续发展理念，合理开发利用自然资源，避免过度开发，造成资源浪费。加强对农业生态环境的保护和修复，保护生物多样性。

在山区发展特色农业产业时，要注重水土保持，采取植树造林、修建梯田等措施，防止水土流失。例如，在贵州山区，通过植树造林，增加森林覆盖率，减少水土流失。同时，引导农民和企业树立可持续发展意识，开展可持续发展培训，每年培训农民和企业人员不少于 2000 人次。制定可持续发展标准和规范，对农产品生产、加工、销售等环节进行规范，实现特色农业产业的长期稳定发展。

滇黔桂革命老区特色农业产业发展需要从多个方面入手，如加强基础设施建设，强化科技支撑，推进品牌建设，健全市场体系，促进产业融合发展，加大政策支持与引导，注重生态保护与可持续发展。通过借鉴国内外成功经验，结合自身实际情况，走出一条具有滇黔桂革命老区特色的农业产业发展之路，实现农业增效、农民增收、农村繁荣的目标。

8.8 推动数字化转型

8.8.1 建设农业大数据平台，提出整合生产、市场、物流数据的实施方案

其一，数据收集体系搭建。在生产数据收集方面，针对滇黔桂地区特色农业产业，如云南的花卉、咖啡，贵州的刺梨，广西的甘蔗、芒果等，在种植基地部署各类传感器。利用土壤湿度传感器实时监测土壤墒情，为精准灌溉提供依据；通过气象传感器收集温度、湿度、光照等气象数据，帮助农户提前应对极端天气对农作物的影响；使用病虫害监测传感器，及时发现病虫害的早期迹象。在农产品加工环节，在工厂安装生产设备数据采集器，记录加工流程中的各项参数，如温度、压力、产量等，确保产品质量的稳定性和可追溯性。

其二，在市场数据收集上，建立专业的市场调研团队，定期收集农产品价格信息、市场供需情况、消费者偏好等数据。同时，与电商平台、农产品交易市场合作，获取线上线下的销售数据，包括销售量、销售额、客户评价等。例如，与阿里巴巴、京东等电商平台合作，获取滇黔桂地区特色农产品的销售数据，分析消费者对不同品种、规格、包装农产品的购买倾向。

其三，在物流数据收集方面，与物流企业合作，利用物联网技术，为

运输车辆和仓储设施安装 GPS 定位设备、温湿度监控设备等。实时跟踪农产品的运输轨迹，监控运输过程中的温度、湿度等环境参数，确保农产品在运输和仓储过程中的品质不受影响。

其四，数据整合与存储。搭建统一的数据标准体系，针对生产、市场、物流数据，制定统一的数据格式、编码规则和数据接口规范。例如，对于农产品的品种名称，制定统一的标准编码，避免因名称不一致导致的数据混乱。建立数据清洗和预处理机制，对收集到的原始数据进行去重、纠错、补全缺失值等处理，提高数据质量。

其五，建设大数据存储中心。采用分布式存储技术，确保数据的安全性和可扩展性。将生产、市场、物流数据进行分类存储，建立数据库索引，方便快速查询和调用。同时，建立数据备份和恢复机制，定期对数据进行备份，防止数据丢失。

其六，数据应用与分析。利用大数据分析技术，对整合后的生产、市场、物流数据进行深度挖掘。在生产领域，通过分析土壤、气象、病虫害等数据，为农户提供精准的种植建议，如合理的施肥时间、灌溉量、病虫害防治方案等。例如，根据大数据分析结果，为云南咖啡种植户推荐适合当地土壤和气候条件的咖啡品种，以及最佳的种植密度和施肥配方。

其七，在市场方面，通过分析市场供需和价格数据，预测农产品销售趋势，帮助农户和企业制订合理的生产和销售计划。例如，通过对广西芒果市场数据的分析，预测不同品种芒果在不同季节的市场需求和价格走势，引导种植户合理调整种植结构和上市时间。

其八，在物流方面，利用物流数据优化物流配送路线，提高配送效率，降低物流成本。通过分析运输车辆的实时位置、货物库存情况等数据，实现智能调度，合理安排运输车辆和仓储资源。例如，根据物流大数据分析，为贵州刺梨产品的运输规划最优路线，减少运输时间和成本。同时，建立农产品质量追溯体系，消费者通过扫描产品二维码，即可查询农产品的生产、加工、运输等全过程信息，增强消费者对农产品质量的信任。

8.8.2 推广智慧农业技术，引入物联网、区块链等技术提升产业效率

在滇黔桂地区的特色农业种植中，应全面部署物联网设备。以云南的花卉种植为例，在温室大棚内安装温湿度传感器、光照传感器、二氧化碳浓度传感器等，通过物联网实时采集环境数据。这些数据被传输至智能控制系统，系统根据花卉生长的最佳环境参数，自动调节通风设备、遮阳帘、灌溉系统等。当检测到温室内温度过高时，自动开启通风设备和遮阳帘；土壤湿度低于设定值时，自动启动灌溉系统进行精准灌溉。这样不仅能确保花卉生长在最佳环境中，提高花卉品质，还能大幅节省人力和水资源，提升生产效率。

在广西的甘蔗种植区，利用物联网技术实现农机智能化。为甘蔗收割机、播种机、施肥机等农机配备 GPS 定位系统和物联网模块，通过远程监控和智能调度，实现农机的精准作业。农机手可以在驾驶室内通过显示屏实时了解作业进度、农机状态等信息，同时，管理人员可以根据种植区域的不同需求，远程调度农机，避免农机闲置或重复作业，提高农机使用效率，降低生产成本。

区块链技术在农产品质量追溯与市场流通中发挥重要作用。应建立基于区块链技术的农产品质量追溯体系，以贵州的刺梨产业为例，从刺梨的种植环节开始，将施肥、灌溉、病虫害防治等农事操作信息，以及采摘时间、产地等数据记录在区块链上。在加工环节，记录加工工艺、添加剂使用等信息。在运输和销售环节，记录物流轨迹、销售渠道等信息。消费者通过扫描刺梨产品包装上的二维码，即可获取产品从田间到餐桌的全过程信息，实现产品质量的可追溯，增强消费者对产品质量的信任，提升产品市场竞争力。在农产品市场流通方面，利用区块链技术可实现供应链信息共享。滇黔桂地区的农产品供应商、经销商、物流企业等通过区块链平台共享信息，实现订单、库存、物流等信息的实时同步。例如，云南的咖啡供应商可以实时了解经销商的库存情况和订单需求，及时安排生产和发

货；物流企业可以根据订单信息，合理规划运输路线，提高物流配送效率，减少农产品在途时间，降低损耗，提升整个供应链的协同效率。

构建智慧农业技术应用服务体系。可成立专门的智慧农业技术服务团队，为农户和农业企业提供技术咨询、设备安装调试、系统维护等一站式服务。针对农户对新技术接受能力较弱的问题，开展定期的技术培训和现场指导，通过实际操作演示，让农户熟悉物联网、区块链等技术的应用。例如，在广西的芒果种植区，组织技术人员深入田间地头，为果农讲解物联网设备的使用方法和维护要点，帮助果农掌握智能灌溉、病虫害监测等技术。

同时，建立智慧农业技术创新联盟，联合科研机构、高校、企业等多方力量，共同开展智慧农业技术研发和创新。针对滇黔桂地区农业生产的特点和需求，研发适合当地的物联网设备、区块链应用平台等技术产品。例如，研发适应山区复杂地形的小型化、便携化物联网监测设备，以及针对特色农产品的区块链溯源解决方案，推动智慧农业技术在滇黔桂地区的本地化应用和创新发展。

8.9　强化绿色生产模式

8.9.1　发展循环农业，设计种养结合、废弃物资源化利用的具体模式

其一，种养结合模式。在滇黔桂地区，根据当地的气候和土壤条件，可推广多种特色种养结合模式。以广西为例，甘蔗种植与黑山羊养殖相结合是一种可行的模式。甘蔗收割后的蔗叶富含蛋白质和纤维，是优质的饲料。养殖户收集蔗叶时，可经过简单的加工处理，如青贮或粉碎，用于喂养黑山羊。而黑山羊产生的粪便又可以作为有机肥料还田，为甘蔗种植提供养分。具体实施时，应建立甘蔗种植基地与黑山羊养殖场的合作机制，养殖场定期从种植基地收集蔗叶，种植基地则定期接收养殖场的羊粪。通

过这种模式，不仅减少了饲料和肥料的成本投入，还实现了对资源的循环利用，提高了农业生产的经济效益。

贵州刺梨种植与林下养鸡相结合具有独特优势。刺梨树林下空间广阔，为鸡提供了天然的活动场所。鸡在林下觅食，可捕食杂草和害虫，减少刺梨种植过程中的除草和病虫害防治成本。同时，鸡的粪便为刺梨生长提供了有机肥料，促进刺梨生长。农户可以在刺梨果园内划分出不同的养殖区域，采用轮牧的方式，让鸡在不同区域活动，避免过度放牧对植被造成破坏。定期对鸡群进行疫病防控，确保鸡的健康生长，实现刺梨种植与林下养鸡的良性互动。

其二，废弃物资源化利用模式。在云南的花卉产业中，花卉残枝和落叶等废弃物数量庞大。可以建立花卉废弃物处理中心，将这些废弃物进行集中收集和处理。首先，通过粉碎、堆肥等工艺，将花卉废弃物转化为有机肥料。这种有机肥料富含氮、磷、钾等多种营养元素，适合花卉种植。处理中心可将生产出的有机肥料销售给花卉种植户，实现废弃物的资源化利用。同时，部分花卉废弃物还可以用于生物质能源的开发，如通过厌氧发酵产生沼气，用于花卉种植大棚的供暖和照明，减少能源消耗和碳排放。

对于滇黔桂地区普遍存在的畜禽养殖废弃物，如猪粪、牛粪等，可以采用沼气池发酵的方式进行处理。将畜禽粪便与农作物秸秆等混合，放入沼气池进行厌氧发酵，产生的沼气可作为清洁能源用于农户生活和农业生产，如做饭、照明、农产品加工等。发酵后的沼渣和沼液是优质的有机肥料，可用于农田灌溉和果园施肥。建立沼渣沼液配送体系，将处理后的沼渣沼液运输到周边的农田和果园，实现畜禽养殖废弃物的减量化、无害化和资源化利用，促进农业绿色可持续发展。

8.9.2 推广低碳生产技术，确定减少碳排放的农业生产技术应用路径

其一，推广清洁能源在农业生产中的应用。在滇黔桂地区，可充分利

用当地丰富的太阳能、水能、风能等清洁能源。在云南，光照资源充足，可在农田、果园、养殖场等场所广泛安装太阳能光伏板，将太阳能转化为电能，用于灌溉设备、农产品加工设备以及养殖场的通风、照明等。例如，在云南的花卉种植基地，安装太阳能光伏系统，为温室大棚的电动卷帘、补光灯、灌溉水泵等设备供电，减少对传统电网电力的依赖，降低碳排放。同时，利用太阳能热水器为花卉种植过程中的幼苗培育、温室增温等环节提供热水，减少对化石能源的消耗。

在广西和贵州，部分地区水能资源丰富，可建设小型水电站，为周边农村地区的农业生产和生活提供电力支持。此外，在风力资源较好的区域，如广西沿海地区和贵州的部分山区，建设风力发电设施，将风电接入农村电网，满足农业生产的用电需求。通过这些清洁能源的应用，减少因煤炭、石油等化石能源使用产生的碳排放。

其二，优化农业生产环节的低碳技术应用。在种植环节，推广精准农业技术。利用地理信息系统（GIS）、全球定位系统（GPS）和遥感技术（RS），对农田的土壤肥力、墒情、病虫害等信息进行实时监测和分析。根据监测数据，精准地进行施肥、灌溉和病虫害防治，避免因过度施肥和灌溉造成的能源浪费和碳排放。例如，在贵州的刺梨种植中，通过实施精准农业技术，根据不同地块的土壤养分含量和刺梨生长需求，精确计算施肥量和灌溉量，此举不仅减少了化肥和水资源的使用，还降低了因化肥生产和运输过程产生的碳排放。

推广免耕或少耕技术，减少农田翻耕次数。传统的深耕作业会破坏土壤结构，增加土壤中有机碳的氧化分解，导致碳排放增加。免耕或少耕技术通过减少土壤翻动，保持土壤结构，增加土壤有机质含量，提高土壤固碳能力。在广西的甘蔗种植区，推广甘蔗免耕栽培技术，直接在蔗茬上进行播种和施肥，减少了耕地作业的能源消耗和碳排放，同时提高了甘蔗的产量和品质。

在养殖环节，推广生态养殖模式，优化畜禽饲料配方。可采用生物动力和生物益生菌技术改善畜禽肠道微生物环境，提高饲料转化率，减少畜禽粪便产生量。例如，在云南的生猪养殖中，添加益生菌到饲料中，可提高生猪的消化吸收能力，减少饲料浪费，降低粪便中氨气和甲烷等温室气体的排放。同时，合理规划养殖场布局，加强通风和废弃物处理设施建设，减少养殖过程中的异味和温室气体排放。

对于农产品加工过程中产生的废弃物，如云南咖啡加工后的咖啡渣、广西甘蔗制糖后的蔗渣等，可通过生物技术进行再利用。例如，将咖啡渣用于培养食用菌，蔗渣用于生产生物质燃料或造纸，减少废弃物的填埋或焚烧，降低碳排放。同时，建立农业废弃物回收利用体系，鼓励农户和企业积极参与农业废弃物的回收和处理，形成农业废弃物资源化利用的产业链。

第九章　滇黔桂革命老区农业生产区域差异及其特色农业产业发展模式分区设计①

9.1　滇黔桂革命老区农业生产区域差异分析

9.1.1　自然环境差异

其一，地形地貌。云南地处云贵高原，地形地貌堪称复杂多样的典范。滇西北深陷横断山脉纵谷区，高山与深谷紧密相依，峡谷深度常常超过千米，山脉海拔动辄三四千米，地势落差极大。这种地形使得大规模机械化农业的实施难度极高，大型农业机械难以在狭窄的山谷和陡峭的山坡间施展拳脚。但独特的垂直气候带却为特色农产品种植提供了得天独厚的条件，在海拔3000米以上的高海拔地区，气候寒冷且昼夜温差大，适宜种植川贝母、重楼等珍稀中药材；在海拔2000~3000米的区域，气候温凉，适合种植高山蔬菜，像香格里拉的高山萝卜，凭借其清甜多汁的口感，在市场上备受青睐。滇中地区多为高原盆地，以昆明盆地为例，地势平坦开阔，土壤类型主要为肥沃的红壤和水稻土，土层深厚，有机质含量高，这为粮食作物和经济作物的种植创造了优越条件，是云南重要的粮食生产和

---

① 本章相关数据主要来自滇黔桂三地人民政府网站、统计局官网、农业农村厅官网及2024年度三地国民经济和社会发展统计公报等。

经济作物培育产区，2024年粮食产量占全省的32%。

贵州以高原山地为主，"八山一水一分田"的地貌特征极为显著。全省喀斯特地貌分布广泛，占全省总面积的61.9%。山地连绵起伏，平地稀缺，耕地被山脉和溶洞分割得极为破碎。据统计，贵州的耕地中，小于1亩的地块占比达42%，这严重阻碍了规模化农业生产的推进。不过，独特的喀斯特地貌也孕育出了丰富的特色物种，例如刺梨，这种富含维生素C的水果在贵州的喀斯特山区广泛生长，大方县更是被誉为"中国刺梨之乡"。贵州星罗棋布的溶洞、气势磅礴的峡谷等自然景观，为发展农业旅游提供了天然优势，安顺龙宫附近的乡村依托溶洞景观，开发了集农事体验与溶洞观光相结合的旅游项目，2024年吸引游客数量达50万人次。

广西地形以山地、丘陵为主，四周环绕着高耸的山地，中部则为盆地。桂西地区多为石山地区，石漠化问题较为严重，土地贫瘠，水土流失率高达30%，农业发展面临诸多挑战。但当地的气候和土壤条件适宜耐旱、耐瘠薄的作物生长，板栗、核桃等在这片土地上茁壮成长，河池的板栗以其饱满的颗粒和香甜的口感闻名遐迩。桂东南地区地势相对平坦，北回归线横穿而过，水热条件优越，年均气温21℃~23℃，年降水量1500~2000毫米，是重要的粮食和经济作物产区。

其二，气候条件。云南气候兼具低纬气候、季风气候、高原山地气候的特点，气候类型丰富多样，从热带到寒温带的气候类型几乎都有分布。滇南地区属于热带、亚热带气候，终年热量充足，年平均气温在20℃以上，降水极为丰富，年降水量可达1500~2000毫米，非常适宜种植橡胶、咖啡、芒果等热带作物。2024年西双版纳的橡胶种植面积达320万亩，是我国重要的天然橡胶生产基地；普洱的咖啡种植面积达110万亩，所产咖啡豆以其浓郁的香气和醇厚的口感，在国际市场上崭露头角。滇中、滇北地区为亚热带高原季风气候，四季如春，年平均气温15℃~18℃，年降水量800~1200毫米，这种气候条件为花卉、茶叶等作物的生长提供了理想环境，昆明斗南花卉市场的花卉交易品种超过1600种，2024年花卉交易量达120亿枝，交易额突破120亿元，远销国内外；滇西的普洱茶和滇北的滇红茶更是闻名世界。

贵州气候温暖湿润，属亚热带湿润季风气候。全省冬无严寒，夏无酷暑，年平均气温 14℃～16℃，年降水量较为充沛，达 1100～1300 毫米，但降水季节分布不均，5～9 月的降水量占全年的 70%～80%，易发生干旱和洪涝灾害。独特的气候条件为茶叶、辣椒、中药材等特色产业的发展提供了契机，"湄潭翠芽"凭借其鲜爽的口感和翠绿的外形，在国内外茶叶评比中屡获殊荣；大方天麻以其独特的药用价值，成为贵州中药材的代表之一。

广西气候温暖湿润，属于亚热带季风气候，光照充足，雨量充沛，年平均日照时数 1600～1800 小时，年降水量 1200～1600 毫米。桂南地区热量丰富，年平均气温 22℃左右，是全国重要的蔗糖生产基地，甘蔗种植面积和产量均居全国前列，2024 年崇左市的甘蔗种植面积就超过了 420 万亩。桂北地区气候相对凉爽，年平均气温 18℃～20℃，适宜种植柑橘、葡萄等水果，桂林的砂糖橘以其清甜的口感和小巧的果型，深受消费者喜爱。

9.1.2 社会经济差异

其一，人口与劳动力。截至 2024 年，云南总人口达到 4800 万人，劳动力资源丰富，但分布极不均衡。滇中地区人口密集，以昆明为核心的滇中城市群，人口占全省的 42%，劳动力充足，为发展劳动密集型农业产业提供了坚实的人力基础。昆明周边的花卉种植基地，雇用了大量当地劳动力进行花卉的种植、采摘和包装工作。而滇西北、滇西南等偏远地区人口相对较少，以怒江傈僳族自治州为例，人口密度仅为每平方公里 52 人，劳动力短缺现象较为严重，这在一定程度上限制了农业产业的规模化发展，当地一些优质的农产品，如高山红米等，由于缺乏劳动力进行大规模种植和加工，产量难以提升。

贵州人口密度较大，截至 2024 年，人口密度达到每平方公里 255 人，劳动力资源丰富，但劳动力素质相对较低。据统计，贵州农村劳动力中，初中及以下文化程度的占比达 82%。大量农村劳动力外出务工，全省外出务工人员超过 1000 万人，导致农村劳动力老龄化、空心化现象较为严重，这对农业生产的精细化管理和新技术推广造成了一定影响。在一些农村地区，由于缺乏年轻劳动力，先进的农业机械和种植技术难以得到有效应用。

广西人口总量较多，截至 2024 年，总人口达 5000 万人，劳动力资源丰富。桂东南地区人口密集，以玉林市为例，人口超过 700 万人，劳动力优势明显，在蔗糖、水果等产业发展中发挥了重要作用。当地的蔗糖加工厂雇用了大量劳动力进行甘蔗的收割和蔗糖的加工工作。但在一些山区，如桂西的百色部分山区，由于交通不便，劳动力外流现象也较为突出，这对当地农业产业的发展产生了一定的制约。

其二，经济发展水平。云南经济发展水平在全国处于中等偏下水平，区域差异较大。滇中地区经济相对发达，交通、通信等基础设施完善，昆明作为省会城市，高速公路、铁路、航空等交通网络四通八达，5G 网络覆盖率达 82%。科技水平较高，拥有多所科研院校和农业科技企业，为特色农业产业发展提供了良好的支撑。而滇西、滇南等部分地区经济相对落后，以临沧市为例，其 2024 年 GDP 总量仅为昆明的 15%，农业生产方式较为传统，资金投入不足，制约了特色农业产业的发展，当地一些优质的农产品，如坚果等，由于缺乏资金进行深加工和品牌推广，市场知名度较低。

贵州经济发展水平相对较低，农村基础设施建设相对滞后，部分农村地区道路狭窄，网络覆盖率较低。农业产业化程度不高，农产品加工转化率仅为 30%，农民收入水平较低，人均可支配收入仅为全国平均水平的 70%。但近年来，随着脱贫攻坚和乡村振兴战略的推进，贵州加大了对农业产业的扶持力度，特色农业产业发展取得了一定成效，逐渐形成了种植、加工、销售一体化的产业格局。

广西经济发展水平处于全国中等水平，桂南、桂东南地区经济相对发达，以南宁、玉林为代表的地区，工业基础较好，拥有多个大型工业园区，对农业产业的带动作用较强。而桂西、桂北部分地区经济发展相对滞后，农业生产仍以传统方式为主，特色农业产业发展潜力有待进一步挖掘，河池的桑蚕产业虽然规模较大，但在产业附加值提升和品牌建设方面还有很大的提升空间。

9.1.3　农业生产现状差异

其一，种植结构。云南种植结构多元化，除了传统的粮食作物种植外，花卉、茶叶、水果、中药材等特色经济作物种植规模较大。花卉产业以昆明为核心，辐射周边的呈贡、晋宁等地，形成了完整的花卉产业链，从花卉种植、种苗培育到花卉交易、物流配送，一应俱全。昆明斗南花卉市场是亚洲最大的鲜切花交易市场。茶叶种植主要集中在滇西、滇南地区，普洱茶以其独特的发酵工艺和醇厚的口感，在国内外享有较高声誉，滇红茶以其浓郁的香气和明亮的汤色，深受消费者喜爱。

贵州种植结构以粮食作物和特色经济作物为主。粮食作物以水稻、玉米、小麦等为主，特色经济作物主要有茶叶、辣椒、刺梨、中药材等。贵州是全国重要的辣椒产区之一，虾子辣椒市场是全国最大的辣椒交易市场之一。同时，刺梨产业发展迅速，成为贵州特色农业发展的新亮点，以刺梨为原料开发的果汁、果脯、保健品等产品层出不穷。

广西种植结构以粮食作物、经济作物和水果为主。粮食作物以水稻为主，2024 年种植面积达 1050 万亩，经济作物以甘蔗、木薯等为主，甘蔗种植面积占全国的 60%以上，是全国最大的蔗糖生产基地。水果以柑橘、芒果、香蕉等为主，柑橘种植面积超过 320 万亩，芒果种植面积达 300 万亩，香蕉种植面积也有 55 万亩。

其二，养殖结构。云南养殖结构以生猪、肉牛、肉羊、家禽等为主，同时特色养殖也有一定发展，如蜜蜂养殖、梅花鹿养殖等。滇中地区生猪养殖规模较大，2024 年存栏量超过 1500 万头，是云南重要的生猪生产基地。滇西、滇南地区肉牛、肉羊养殖具有一定优势，利用丰富的草地资源发展草食畜牧业，大理的肉牛养殖存栏量达 120 万头。

贵州养殖结构以生猪、肉牛、肉羊、家禽等为主，特色养殖有竹鼠、黑山羊等。贵州山区草地资源丰富，适宜发展草食畜牧业，但养殖规模化、标准化程度有待提高，2024 年规模化养殖比例仅为 35%。

广西养殖结构以生猪、家禽、肉牛、肉羊等为主，水产业也有一定发展。桂东南地区生猪养殖和家禽养殖规模较大，2024 年生猪存栏量超过 1800 万头，家禽存栏量达 2.5 亿羽。桂西地区肉牛、肉羊养殖具有一定特色，存栏量分别达到 100 万头和 80 万只。北部湾沿海地区渔业资源丰富，海水养殖面积超过 200 万亩，捕捞业也较为发达，2024 年海产品产量达 300 万吨，且产量逐年增长。

通过对滇黔桂革命老区农业生产区域差异的分析，可以看出各地在自然环境、社会经济和农业生产现状等方面存在显著差异。这些差异为特色农业产业发展提供了多样化的基础条件，也要求在特色农业产业发展模式分区设计中，充分考虑各地的实际情况，因地制宜，发挥优势，实现特色农业产业的可持续发展。

9.2 滇黔桂革命老区特色农业产业发展模式分区设计的指标体系与分区结果

9.2.1 指标体系构建

滇黔桂革命老区特色农业产业发展模式分区设计的指标体系应综合考虑自然条件、农业产业结构、资源禀赋、经济发展水平和社会文化等多个维度。具体指标体系见表 9-1。

表 9-1 分区指标体系

一级指标	二级指标	具 体 指 标
自然条件	气候条件	年平均气温、年降水量、无霜期
	地形地貌	地形类型、坡度、海拔
	土壤肥力	土壤类型、有机质含量

续表

一级指标	二级指标	具　体　指　标
农业产业结构	种植业	主要作物种类、种植面积、产量
	畜牧业	主要畜种、养殖规模、出栏量
	林下经济	林下种植面积、林下养殖规模
资源禀赋	土地资源	耕地面积、林地面积、草地面积
	水资源	水资源总量、灌溉面积
	生物资源	特有动植物种类、生物多样性
经济发展水平	农民收入	农民人均纯收入、家庭经营性收入
	基础设施	交通条件、水利设施、电力设施
	产业化水平	农业龙头企业数量、农产品加工企业数量
社会文化	人力资源	劳动力数量、劳动力受教育程度
	文化资源	红色文化资源、民俗文化资源

9.2.2　分区结果

　　根据上述指标体系，滇黔桂革命老区可以划分为以下几种特色农业产业发展模式(表9-2)。

表9-2　分区发展模式

分　　区	区域范围	主要特色农业产业	发展重点
高原特色农业区	云南高原地区	花卉、咖啡、茶叶	提升品牌影响力，拓展国际市场
山地生态农业区	贵州山地地区	茶叶、中药材、草地生态畜牧业	加强生态保护，发展林下经济
平原高效农业区	广西平原地区	甘蔗、水果(芒果、龙眼)、水稻	提高机械化水平，发展农产品加工
林下经济示范区	左右江革命老区	林下种植(如天麻)、林下养殖(如林下鸡)	打造林下经济示范基地，推动"林旅一体化"
红色文创与乡村旅游融合区	滇黔桂革命老区	红色文创产品、乡村旅游	深挖红色文化内涵，开发特色旅游产品

9.2.3 分区设计的意义

9.2.3.1 充分发挥资源优势

通过综合考虑自然条件、资源禀赋等指标并进行分区，能让各区域精准定位自身优势资源并加以高效利用。例如，云南高原地区凭借光照充足、昼夜温差大的气候条件，以及丰富的土地资源，适合发展花卉、咖啡、茶叶等特色农业产业。在花卉种植上，依据不同花卉对光照、温度的需求，合理规划种植区域，形成特色花卉种植带，发挥当地气候和土地资源优势，提高花卉品质与产量。贵州山地地区森林资源丰富，在山地生态农业区的规划下，可大力发展林下经济，推广天麻、黄精等中药材种植以及林下鸡、林下猪等养殖项目，将丰富的林地资源转化为经济优势，实现对资源的深度开发与利用。

9.2.3.2 促进农业产业升级

分区设计为各区域明确了特色农业产业发展方向，推动了农业产业结构优化与升级。在平原高效农业区，广西平原地区地势平坦、水热条件优越，以甘蔗、水果、水稻等农作物为主要产业。通过提高机械化水平，实现了农业生产从传统向现代化、规模化的转变。同时，加强农产品加工企业培育，发展甘蔗精深加工、水果罐头果汁加工以及优质大米米粉加工等，延长了产业链，增加了农产品附加值，促进了农业产业的全面升级。

9.2.3.3 助力生态保护与可持续发展

对于生态环境较为脆弱的区域，分区设计强调生态保护与产业发展的协调共进。在山地生态农业区，贵州山地地形复杂，生态环境敏感。通过推广生态种植和养殖模式，如在茶叶种植中采用"茶林共生"模式，既保护了生态环境，又提升了茶叶品质；在草地生态畜牧业发展中，合理规划放牧区域，控制载畜量，实现草畜平衡，维护了生态系统的稳定；林下经济示范区推动"林旅一体化"发展，在利用森林资源发展林下种植和养殖的同时，开发林下旅游项目，如林下探险、森林康养等，实现了经济发展与生态保护的良性互动，促进了区域的可持续发展。

9.2.3.4 推动区域经济协调发展

分区设计考虑了经济发展水平和社会文化等因素，有助于缩小区域经济差距，促进区域协调发展。红色文创与乡村旅游融合区深挖滇黔桂革命老区的红色文化内涵，开发红色文创产品和乡村旅游产品。通过打造红色旅游线路，将革命遗址、纪念馆等红色文化景点串联起来，同时结合乡村自然风光和民俗文化，开发农家乐、民宿等乡村休闲旅游项目。这不仅带动了当地旅游业的发展，增加了旅游收入，还促进了相关产业的协同发展，如餐饮、住宿、手工艺品制作等，为当地居民提供了更多的就业机会和增收渠道，推动了革命老区经济的发展，缩小了与其他地区的经济差距。

9.2.3.5 提升品牌影响力与市场竞争力

各区域明确发展重点，有利于打造具有地域特色的农产品品牌和旅游品牌，提升市场竞争力。高原特色农业区以提升品牌影响力、拓展国际市场为重点，通过参加国际花卉展览、咖啡文化节、茶叶博览会等活动，展示云南高原地区特色农产品的品质和文化内涵，打造"普洱咖啡""滇红"等具有国际影响力的品牌。红色文创与乡村旅游融合区可通过举办红色文化节、乡村旅游节等活动，宣传推广红色文创与乡村旅游品牌，如举办百色红色文化旅游节，提升百色红色旅游的品牌影响力，以吸引更多游客和消费者，增强区域特色产业在市场中的竞争力。

9.3 各分区具体特色农业产业发展模式设计

9.3.1 高原特色农业区

其一，产业布局优化。云南高原地区光照充足、昼夜温差大，为花卉、咖啡、茶叶等特色作物提供了得天独厚的生长环境。在花卉产业上，以昆明斗南花卉市场为核心，向周边辐射，打造集花卉种植、种苗培育、花卉交易、花卉加工以及花卉旅游于一体的产业集群。例如，在花卉种植环节，根据不同花卉品种对环境的需求，合理规划种植区域，形成玫瑰、百合、康乃馨等特色花卉种植带。在咖啡产业方面，在普洱、保山等地建立标准化咖啡种植基地，推广有机咖啡种植技术，确保咖啡豆品质。茶叶产业则进一步优化种植布局，巩固滇西、滇南等传统茶叶产区，加强古茶树资源保护与开发，打造具有地域特色的茶叶品牌。

其二，技术创新驱动。加大对花卉、咖啡、茶叶等种植技术的研发投入，与科研院校合作，开展新品种培育、病虫害绿色防控、精准施肥灌溉等技术研究。例如，利用基因编辑技术培育抗病虫害、花期长的花卉新品种；研发适合云南高原气候的咖啡种植技术，提高咖啡豆的产量和品质；在茶叶种植中，推广绿色防控技术，减少农药使用，提高茶叶的绿色品质。同时，加强农产品加工技术创新，提高花卉保鲜、咖啡烘焙、茶叶深加工水平，延长产业链，增加产品附加值。

其三，市场拓展与品牌建设。在提升品牌影响力方面，积极参加国际花卉展览、咖啡文化节、茶叶博览会等活动，展示云南高原特色农产品的品质和文化内涵。利用互联网平台，开展跨境电商业务，拓展国际市场。建立严格的农产品质量标准和品牌认证体系，加强品牌宣传推广，提高品牌知名度和美誉度。例如，通过举办昆明国际花卉展，吸引全球花卉企业和采购商，提升云南花卉的国际知名度；打造"普洱咖啡""滇红"等具有国际影响力的品牌，提高产品在国际市场的竞争力。

9.3.2 山地生态农业区

其一，生态保护与产业融合。贵州山地地区地形复杂，气候多样，森林资源丰富，适宜发展茶叶、中药材、草地生态畜牧业。在发展过程中，要把生态保护放在首位，加强森林资源保护，推广生态种植和养殖模式。例如，在茶叶种植中，采用"茶林共生"模式，在茶园中种植树木，既保护生态环境，又能为茶树提供遮荫，提高茶叶品质。在中药材种植方面，根据不同中药材的生长习性，选择适宜的山地进行仿野生种植，减少对野生资源的破坏。在草地生态畜牧业发展中，合理规划放牧区域，控制载畜量，实现草畜平衡。

其二，林下经济发展。充分利用丰富的林地资源，大力发展林下经济。在林下种植方面，推广天麻、黄精、白及等中药材种植，以及食用菌、蔬菜等特色农产品种植。在林下养殖方面，发展林下鸡、林下猪、林下羊等养殖项目。建立林下经济示范基地，发挥示范引领作用，带动周边农户参与林下经济发展。例如，在毕节地区建立林下天麻种植示范基地，通过技术培训、示范种植等方式，引导农户发展林下天麻产业，提高农民收入。

其三，科技支撑与质量提升。可加强与科研机构的合作，开展山地生态农业技术研究。研发适合山地地形的农业机械，提高农业生产效率。推广绿色防控技术，减少农药、兽药使用，保障农产品质量安全。建立农产品质量追溯体系，让消费者能够了解农产品的生产过程，增强消费者对农产品的信任。例如，与贵州大学合作，研发适合山地茶园管理的小型农机具，提高茶叶采摘、修剪等环节的机械化水平；利用物联网技术，建立农产品质量追溯平台，实现对农产品从生产到销售的全程监控。

9.3.3　平原高效农业区

其一，机械化与规模化发展。广西平原地区地势平坦，水热条件优越，是甘蔗、水果(芒果、龙眼)、水稻等农作物的重要产区。要提高机械化水平，加大对农业机械化的投入，推广先进的农业机械和技术。例如，在甘蔗种植中，推广甘蔗全程机械化种植技术，从种植、田间管理到收割，实现机械化作业，提高生产效率，降低生产成本。在水果种植方面，采用机械化修剪、采摘、运输等设备，提高水果生产的标准化和规模化水平。在水稻种植中，推广水稻插秧机、收割机等设备，提高水稻生产效率。

其二，农产品加工与品牌建设。加强农产品加工企业培育，提高农产品加工能力和水平。发展甘蔗精深加工，生产蔗糖、红糖等产品；在水果加工方面，开发水果罐头、果汁、果脯等产品；在水稻加工方面，生产优质大米、米粉等产品。加强品牌建设，打造具有地域特色的农产品品牌。例如，打造"桂糖""百色芒果""横县茉莉花茶"等品牌，提高农产品的市场竞争力。

其三，产业融合与市场拓展。推动农业与第二、第三产业融合发展，发展农产品电商、农产品冷链物流、农业观光旅游等产业。建立农产品电商平台，拓宽农产品销售渠道；加强农产品冷链物流建设，确保农产品在运输和储存过程中的品质。开发农业观光旅游项目，如甘蔗文化园、水果采摘园、水稻田园综合体等，吸引游客，增加农民收入。例如，在崇左建立甘蔗文化园，展示甘蔗种植历史、甘蔗加工工艺等，同时开展甘蔗采摘体验活动，吸引游客前来观光旅游。

9.3.4 林下经济示范区

其一，示范基地建设。左右江革命老区森林资源丰富，发展林下经济具有得天独厚的优势。要打造林下经济示范基地，在林下种植和养殖方面发挥示范引领作用。在林下种植天麻方面，建立天麻种植示范基地，推广先进的天麻种植技术，包括菌材培育、种麻选择、种植方法等。在林下养殖鸡方面，建立林下鸡养殖示范基地，推广科学的养殖模式，包括鸡舍建设、饲料选择、疫病防控等。通过示范基地的建设，带动周边农户参与林下经济开发，形成规模化、标准化的林下经济产业。

其二，"林旅一体化"发展。推动"林旅一体化"，将林下经济与乡村旅游相结合。开发林下旅游项目，如林下探险、森林康养、采摘体验等。在林下种植区域，设置观光步道、采摘体验区等，让游客能够亲身感受林下经济的魅力。在林下养殖区域，开展林下鸡、林下猪等养殖体验活动，让游客参与养殖过程，品尝新鲜的农产品。同时，加强旅游基础设施建设，提高旅游服务质量，打造具有特色的林下经济旅游品牌。例如，在巴马瑶族自治县，利用丰富的森林资源和独特的长寿文化，开发森林康养旅游项目，将林下经济与旅游产业深度融合，促进当地经济发展。

其三，技术创新与市场拓展。加强林下经济技术创新，开展林下种植、养殖技术研究。研发适合林下环境的种植品种和养殖模式，提高林下经济的产量和品质。加强市场拓展，建立林下经济产品销售渠道。与电商平台合作，开展林下经济产品线上销售；参加农产品展销会，展示林下经济产品，提高产品知名度和市场占有率。例如，与拼多多等电商平台合作，销售林下种植的中药材、林下养殖的禽畜产品等；参加农产品交易会，展示左右江革命老区的林下经济产品等，积极拓展市场空间。

9.3.5 红色文创与乡村旅游融合区

其一，红色文化挖掘与文创产品开发。滇黔桂革命老区拥有丰富的红色文化资源，要深挖红色文化内涵，开发具有特色的红色文创产品。深入研究革命历史，挖掘红色故事和文化元素，将其融入到文创产品设计中。例如，开发以革命历史事件、革命人物为主题的纪念币、明信片、手工艺品等文创产品；利用现代科技手段，开发红色文化主题的数字产品，如红色文化APP、虚拟现实（VR）体验产品等。通过文创产品的开发，传播红色文化，提高革命老区的知名度和影响力。

其二，乡村旅游开发与服务提升。结合乡村自然风光和民俗文化，开发乡村旅游产品。打造红色旅游线路，将革命遗址、纪念馆、红色文化景点串联起来，开展红色主题旅游活动。同时，开发乡村休闲旅游项目，如农家乐、民宿、农事体验等。加强旅游基础设施建设，提高旅游服务质量，包括道路、停车场、旅游标识、餐饮住宿等方面的建设。例如，在百色起义纪念馆周边，开发红色主题民宿，让游客在住宿过程中感受红色文化氛围；完善旅游标识系统，方便游客游览红色景点。

其三，产业融合与品牌建设。推动红色文创与乡村旅游产业融合发展，形成完整的产业链。将红色文创产品销售与乡村旅游相结合，在旅游景区、游客服务中心等场所设置红色文创产品销售点，增加旅游收入。加强品牌建设，打造具有地域特色的红色文创与乡村旅游品牌。通过举办红色文化节、乡村旅游节等活动，宣传推广品牌，提高品牌知名度和美誉度。例如，举办百色红色文化旅游节，吸引游客前来参观游览，提升百色红色旅游的品牌影响力。

9.4 典型案例：德保脐橙的产业化

9.4.1 发展历程

广西德保脐橙产业的发展可追溯至 20 世纪末。彼时，德保县凭借其独特的自然条件——年平均气温在 21℃ 左右，温暖湿润，土壤肥沃且富含多种矿物质，光照时长充足，年日照时数超 1600 小时，被视为脐橙种植的理想之地。当地政府敏锐捕捉到这一优势，将脐橙种植确立为推动农业经济发展的关键产业。

1996 年，德保县正式开启脐橙引种计划，从国内外引入纽荷尔、朋娜等优质脐橙品种。为打消农户顾虑，政府鼓励部分农户进行小规模试种，并邀请来自广西农科院等科研机构的农业专家，深入田间地头，开展种植技术培训与指导。在最初的几年里，专家们针对脐橙种植过程中的土壤改良、种苗培育等难题进行现场答疑，手把手教农户如何科学施肥、合理修剪。随着时间的推移，种植技术逐渐成熟，农户们的种植经验日益丰富，脐橙产量也从最初的几千斤，稳步增长至数万斤，种植规模从最初的几十亩，逐步扩大至上百亩。

2005 年后，德保脐橙迎来了快速发展期。政府加大扶持力度，出台一系列优惠政策，吸引更多农户投身脐橙种植，种植规模呈爆发式增长，从分散的小规模种植逐渐向集中连片的规模化种植转变。

9.4.2 产业化现状

截至 2024 年底，德保脐橙已实现规模化种植，种植面积达 5 万亩左右，年产量超 8 万吨，且产量仍以每年约 10% 的速度递增。

在种植环节，标准化种植技术全面普及。果园选址遵循严格标准，优先选择土层深厚、排水良好、坡度适宜的区域。种苗培育采用脱毒技术，确保种苗健康无病害。施肥灌溉方面，运用测土配方施肥技术，根据土壤养分含量和脐橙生长需求精准施肥；灌溉则采用滴灌、喷灌等节水灌溉技术，既保证水分供应，又提高水资源利用效率。病虫害防治以绿色防控为主，通过安装太阳能杀虫灯、释放害虫天敌等方式，减少化学农药使用，确保脐橙品质稳定。

在加工环节，当地已建成 5 个现代化的脐橙加工企业，配备先进的清洗、分拣、打蜡、包装设备。这些企业具备强大的加工能力，日处理脐橙量可达上千吨。通过自动化分拣设备，能依据脐橙的大小、色泽、糖分含量等指标进行精准分级，将高品质脐橙筛选出来作为精品销售，其余的则根据不同等级进行分类包装，极大地提高了产品附加值。

在销售方面，德保脐橙构建了多元化的销售渠道。线下与国内大型水果批发商，如广州江南果菜批发市场、深圳海吉星农产品批发市场等建立长期稳定合作关系，每年供应大量优质脐橙。同时，与沃尔玛、家乐福、永辉等连锁超市达成合作，将德保脐橙摆上各大超市的货架。线上借助淘宝、京东、拼多多等电商平台，开设德保脐橙官方旗舰店，通过直播带货、短视频推广等方式，拓展销售范围。目前，德保脐橙不仅畅销国内 20 多个省市，还出口至越南、泰国、马来西亚等东南亚国家，在国际市场上崭露头角。

9.4.3　成功经验

其一，政策扶持与引导。德保县政府始终将脐橙产业视为农业发展的重中之重。在种苗补贴方面，每株优质脐橙种苗，政府补贴 5~8 元，降低农户种植成本；果园基础设施建设补贴方面，对新建的灌溉设施、果园道路等，给予工程总造价 30%~50% 的补贴，改善果园生产条件。为解决农户资金难题，政府还提供贷款贴息政策，对用于脐橙种植和加工的贷款，给予一定比例的贴息。此外，自 2010 年起，政府每年举办德保脐橙文化节，邀请各地经销商、媒体、游客参与，通过脐橙采摘体验、脐橙评比大赛等活动，提升德保脐橙的品牌知名度和市场影响力。

其二，科技支撑与创新。德保县积极与广西大学、广西农科院等科研院校合作，于 2012 年建立了脐橙种植技术研发中心。该中心专注于品种改良、绿色防控技术研究等。在品种改良方面，通过杂交育种等技术，培育出更适合当地生长、口感更优、抗病性更强的新品种。在绿色防控技术研究上，研发出适合当地土壤和气候的施肥配方，推广生物防治病虫害技术，减少化学农药使用，既保证了脐橙品质，又保护了生态环境。

其三，品牌建设与营销。2008 年，德保县正式打造"德保脐橙"品牌，并制定严格的品牌标准，从果实外观、内在品质到包装标识都有明确规定。在品牌宣传推广上，积极参加各类农产品展销会，如中国国际农产品交易会、广西名特优农产品交易会等，展示德保脐橙的优良品质。同时，借助电商直播带货、抖音短视频等新媒体平台，邀请网红主播进行推广，全方位展示德保脐橙的种植过程、采摘场景以及独特口感，吸引消费者关注，提升品牌竞争力。

9.4.4 面临挑战

其一，市场竞争加剧。近年来，随着脐橙种植在江西赣南、湖北秭归等地区的迅速扩张，市场竞争愈发激烈。这些产区凭借悠久的种植历史、成熟的销售渠道，在市场份额和价格方面给德保脐橙带来双重压力。据统计，在部分销售旺季，德保脐橙的市场份额较前几年下降了约 15%，价格也有所下滑，平均每斤价格下降 0.5~1 元。

其二，产业链有待完善。尽管德保脐橙在种植、加工和销售方面取得显著成绩，但产业链仍存在短板。目前，脐橙深加工产品种类较少，主要集中在鲜食和简单加工，如鲜切脐橙、脐橙鲜果礼盒等。高附加值的深加工产品，如脐橙果汁、果酒、果脯等开发不足，导致产业附加值难以进一步提升。据了解，德保县脐橙深加工转化率仅为 10% 左右，远低于国内先进产区 30%的平均水平。

其三，自然灾害风险。德保县地处南方，受季风气候影响，易遭受台风、暴雨、干旱等自然灾害侵扰。每年 6~9 月是台风高发期，台风带来的狂风暴雨易导致脐橙树倒伏、果实掉落；7~8 月高温少雨，干旱天气频发，影响脐橙生长发育。一旦发生自然灾害，可能导致脐橙减产 20%~30%，品质也会明显下降，给果农和企业带来巨大经济损失。例如，2020 年的一场台风，致使德保县部分脐橙果园受灾严重，直接经济损失达 500 万元。

德保脐橙的产业化发展历程为滇黔桂革命老区特色农业产业发展提供了宝贵借鉴，在发展特色农业产业时，需充分考虑市场竞争、产业链完善以及自然灾害应对等关键问题，以实现产业的可持续发展。在未来的发展中，德保脐橙产业若能针对性地解决这些挑战，有望进一步提升产业竞争力，实现更大的发展。

第十章　滇黔桂革命老区农业地域分异及其特色农业产业发展模式设计

10.1　地域分异与特色农业产业化模式的关系分析

10.1.1　自然条件地域分异奠定特色农业产业化基础

滇黔桂革命老区自然条件复杂多样，这种地域分异为特色农业产业化提供了差异化的物质基础。从气候方面来看，云南高原地区光照充足、昼夜温差大，有利于糖分积累，适合发展花卉、咖啡、茶叶等特色生态农业产业。例如在咖啡种植中，较大的昼夜温差使得咖啡豆的风味更加浓郁，独特的气候条件成为发展高品质咖啡生态种植的关键因素。贵州山地气候湿润，云雾缭绕，是茶叶生长的理想环境，像都匀毛尖等名茶就得益于当地独特的气候条件。不同的气候类型决定了特色农业产业的类型和发展方向，为特色农业产业化提供了多样化的选择。

在地形地貌上，云南的山地、高原，贵州的喀斯特山地，广西的平原与丘陵等，各自适宜不同的特色农业发展模式。云南滇西北的高山峡谷地区，地势起伏大，适合发展林下经济和生态养殖，利用山地的垂直气候带，在不同海拔种植不同的中药材和养殖不同的畜禽品种。贵州喀斯特地区独特的地貌，虽然使得耕地破碎，但有利于发展极具特色的石漠化治理与生态农业相结合的模式，如种植耐旱、耐瘠薄的刺梨等作物，既改善生态环境，又实现农业产业化发展。广西平原地区地势平坦，利于规模化的生态种植和机械化作业，如甘蔗、水稻等的生态种植，为生态农业产业化提供了规模化发展的可能。

土壤肥力的地域分异也影响着特色农业产业化过程。不同地区土壤类型多样，有机质含量不同，决定了不同地区适合种植的作物品种。肥沃的土壤适合粮食作物和经济作物的高产种植，而土壤肥力较低的地区则适合种植对土壤肥力要求不高的特色生态作物，如云南部分山区的酸性土壤适合茶树生长，为茶叶生态产业化发展提供了土壤条件。

10.1.2　社会经济条件地域分异影响特色农业产业化进程

社会经济条件在滇黔桂革命老区存在明显的地域分异，这对特色农业产业化进程产生重要影响。在经济发展水平较高的地区，如广西的部分平原地区，农业基础设施完善，交通便利，电力供应充足，为特色农业产业化提供了良好的硬件条件。这些地区能够吸引更多的资金投入，建设现代化的特色农业生产基地和农产品加工企业，推动特色农业向产业化、规模化方向发展。例如，发达的交通网络有利于农产品的快速运输和销售，降低物流成本，提高市场竞争力。

而在经济相对落后的地区，如贵州的一些山区，基础设施薄弱，交通不便，制约了特色农业产业化的发展。这些地区难以引进先进的农业技术和设备，农产品加工能力有限，市场开拓困难。但这些地区劳动力资源丰富，且劳动力成本相对较低，可以发展劳动密集型的特色农业产业，如靠手工采摘的特色水果种植和初加工等。同时，政府可以加大对这些地区的扶持力度，加强基础设施建设，改善投资环境，促进特色农业产业化发展。

人力资源的地域分异也不容忽视。劳动力受教育程度较高的地区，更容易接受和应用先进的农业技术，推动特色农业产业化升级。例如，在一些靠近高校和科研机构的地区，农民能够及时获取最新的农业技术信息，开展生态种植和养殖，提高农产品的品质和产量。而劳动力素质较低的地区，则需要加强技术培训和教育，提高农民的生态农业意识和技术水平，以适应特色农业产业化发展的需求。

10.1.3 特色农业产业化模式对地域分异的反作用

特色农业产业化模式的发展也会对地域分异产生反作用。合理的特色农业产业化模式能够优化地域资源配置，促进区域经济协调发展。通过发展特色农业，不同地区可以根据自身的自然和社会经济条件，选择适合的产业模式，实现资源的高效利用。例如，在云南的一些山区，发展林下经济和生态旅游相结合的模式，既保护了森林资源，又增加了农民收入，促进了当地经济发展，缩小了与其他地区的经济差距。

特色农业产业化模式的发展还能够改善地域生态环境。特色农业强调生态保护和可持续发展，通过推广绿色种植、养殖技术，减少化肥、农药的使用，降低农业面源污染，改善土壤质量和生态环境。例如，在广西的一些地区，推广生态循环农业模式，将养殖废弃物转化为有机肥料，用于农田灌溉，既实现了对资源的循环利用，又改善了当地的生态环境。

然而，如果特色农业产业化模式选择不当，可能会加剧地域分异。例如，在一些不太适合大规模种植的山区，盲目发展规模化的农业产业，可能导致水土流失、生态破坏等问题，进一步恶化当地的自然条件和经济发展环境，加大与其他地区的差距。因此，在选择特色农业产业化模式时，必须充分考虑地域分异的特点，实现生态、经济和社会的协调发展。

10.2 基于滇黔桂革命老区地形地貌的地域分异

10.2.1 云南高原山地的农业地域分异

云南高原山地面积广阔，占全省总面积的 94%。在滇中高原，地势相对平缓，海拔多在 1500~2000 米之间，以红壤、黄壤为主，土壤肥力较高，水源相对充足，这里是云南重要的粮食和经济作物产区。以昆明五华区的西翥街道为例，凭借立体气候优势和区位优势，其蔬菜种植面积达 2.63 万亩，占现有耕地面积的 40.96%，品类丰富，以生菜、辣椒、白菜等为主，年产量约 5.23 万吨，年产值约 1.86 亿元。花卉产业更是蓬勃发展，昆明斗南花卉市场 2024 年花卉交易量达 120 亿支，交易额达 120 亿元，花卉种植面积达 15 万亩，花卉品种繁多，涵盖玫瑰、百合、康乃馨等常见花卉以及各类小众特色花卉，形成了从种植、加工到销售的完整产业链。

滇西北横断山脉地区，高山峡谷相间，地势落差极大，海拔从几百米急剧攀升至四五千米。在低海拔河谷地带，气候炎热湿润，适合种植芒果、香蕉、咖啡等热带作物。例如，在怒江傈僳族自治州的部分河谷，芒果种植面积达 0.8 万亩，独特的河谷气候使得芒果甜度高、口感好，成为当地特色农产品。而在高海拔山区，气候寒冷，植被以针叶林为主，适合发展林下经济和生态养殖。丽江鲁甸乡地处世界自然遗产"三江并流"老君山腹地，2024 年林下种植中药材面积达 8.5 万亩，产值预计突破 7.5 亿元，种植有秦艽、木香、重楼等 50 余个品种；同时利用高山草甸资源，养殖牦牛、藏羊等，存栏量分别达到 1.2 万头和 3 万只，形成了独特的高山生态农业模式。

10.2.2　贵州喀斯特山地的农业地域分异

贵州喀斯特地貌广泛分布，占全省总面积的 61.9%。喀斯特山地地形破碎，土壤浅薄且易流失，石漠化问题较为严重，给农业发展带来巨大挑战。在黔中、黔北地区，虽然山地众多，但部分山间盆地和河谷地带土壤条件相对较好，水源有一定保障，成为主要的农业生产区域。这里以种植水稻、玉米、油菜等传统农作物为主，水稻种植面积达 600 万亩，通过修建梯田、完善灌溉设施等措施，保障了粮食产量。同时，利用当地气候条件，大力发展茶叶产业，种植面积达到 120 万亩，像湄潭翠芽、都匀毛尖等茶叶品牌闻名遐迩，茶叶加工企业也不断涌现，形成了从种植到加工、销售的一体化产业格局。

在黔西南、黔南地区，喀斯特地貌更为典型，峰林、溶洞、峡谷等景观独特。在地势相对平缓的峰林之间，可发展特色水果种植，如火龙果、刺梨种植等。火龙果种植面积达 15 万亩，基于喀斯特地区光照充足、昼夜温差大的特点，果实甜度高、色泽鲜艳。刺梨种植面积更是超过 200 万亩，成为当地脱贫致富的支柱产业，围绕刺梨开发的果汁、果脯、保健品等产品，延伸了产业链，提高了产品附加值。此外，依托独特的喀斯特地貌景观，可发展乡村旅游业，将农业与旅游产业深度融合，如万峰林景区周边的观光农业、农事体验等旅游项目，2024 年年接待游客量达到 300 万人次，促进了当地经济的发展。

10.2.3　广西平原与丘陵的农业地域分异

广西地形以平原和丘陵为主，其中平原主要分布在桂东南地区，如浔郁平原、南流江三角洲等。这些平原地区地势平坦，土壤肥沃，水热条件优越，是广西重要的粮食和经济作物产区。以甘蔗为例，桂东南地区甘蔗种植面积达 550 万亩，是全国最大的蔗糖生产基地。规模化、机械化的甘蔗种植和加工，使得蔗糖产业成为当地经济的重要支柱。同时，水稻种植面积也达到 800 万亩，通过推广高产优质品种和先进种植技术，保障了粮食安全。此外，利用平原地区交通便利的优势，发展蔬菜种植和农产品加工业，蔬菜种植面积达 200 万亩，农产品加工企业数量众多，产品畅销全国各地。

广西的丘陵地区主要分布在桂东北、桂西南等地。在丘陵缓坡地带，适宜发展水果种植，如柑橘、芒果、荔枝等。桂东北的柑橘种植面积达 180 万亩，品种丰富，包括砂糖橘、沃柑等，凭借其清甜的口感和良好的品质，在市场上占据一席之地。桂西南的芒果种植面积也有 100 万亩，独特的气候条件使得芒果成熟早、果型大、味道甜。在丘陵山区，还发展了林业和林下经济，种植松树、杉树等经济林木，面积达 300 万亩，同时开展林下养殖，如林下养鸡、养鸭等，养殖数量分别达到 500 万羽和 300 万羽，实现了立体农业发展，提高了土地利用效率。

10.3　基于滇黔桂革命老区气候的地域分异

10.3.1　云南气候多样性导致的农业地域分异

云南气候兼具低纬气候、季风气候、高原山地气候的特点，气候类型丰富多样，使得农业地域呈现出显著的分异特征。

在滇南的西双版纳、普洱等地，属于热带、亚热带气候，终年高温多雨，年平均气温在20℃以上，年降水量超过1500毫米。这样的气候条件为热带经济作物的生长提供了得天独厚的环境。橡胶作为重要的战略物资，在西双版纳的种植面积达到320万亩，是我国重要的天然橡胶生产基地。咖啡产业也蓬勃发展，普洱的咖啡种植面积达110万亩，咖啡豆以其浓郁的香气和醇厚的口感在国际市场上崭露头角。此外，芒果、香蕉、菠萝等热带水果也广泛种植，芒果种植面积达30万亩，香蕉种植面积20万亩，菠萝种植面积15万亩，这些水果不仅满足了国内市场需求，还大量出口到周边国家。

滇中、滇北地区为亚热带高原季风气候，四季如春，年平均气温15℃~18℃，年降水量800~1200毫米。这种气候条件非常适合花卉、茶叶等作物的生长。昆明作为"春城"，花卉产业闻名遐迩，产品远销国内外。茶叶种植主要集中在滇西、滇南地区，普洱茶以其独特的发酵工艺和醇厚的口感，在国内外享有较高声誉，滇红茶以其浓郁的香气和明亮的汤色，深受消费者喜爱，茶叶种植总面积达200万亩。

滇西北的高山峡谷地区，气候垂直差异明显。随着海拔的升高，气温逐渐降低，降水量也发生变化。在低海拔河谷地带，气候炎热湿润，适宜种植早熟蔬菜和热带水果；而在高海拔山区，气候寒冷，主要种植耐寒的青稞、马铃薯等作物，同时利用高山草甸资源发展畜牧业。

10.3.2　贵州气候特点与农业地域分异

贵州属亚热带湿润季风气候，冬无严寒，夏无酷暑，年平均气温

14℃~16℃，年降水量1100~1300毫米，但降水季节分布不均，5~9月的降水量占全年的70%~80%，易发生干旱和洪涝灾害。

在黔中、黔北地区，气候温暖湿润，适宜发展茶叶、辣椒、中药材等特色产业。湄潭县凭借优越的气候条件，茶叶种植面积达60万亩，湄潭翠芽以其鲜爽的口感和翠绿的外形，在国内外茶叶评比中屡获殊荣。辣椒种植面积也超过100万亩，贵州辣椒以其独特的风味和丰富的品种，在全国辣椒市场占据重要地位。中药材种植方面，天麻、杜仲、太子参等品种广泛种植，种植面积达50万亩，大方天麻以其独特的药用价值，成为贵州中药材的代表之一。

黔西南、黔南地区，气候条件相对复杂，既有温暖湿润的河谷地带，也有气候凉爽的山区。在河谷地带，早熟蔬菜和特色水果广泛种植，早熟蔬菜种植面积达30万亩，主要品种有黄瓜、西红柿、茄子等，提前上市，抢占市场先机。特色水果如火龙果、刺梨等种植面积也不断扩大，火龙果种植面积达15万亩，刺梨种植面积超过200万亩，围绕刺梨开发的果汁、果脯、保健品等产品，延伸了产业链，提高了产品附加值。在山区，利用气候凉爽的特点，发展高山冷凉蔬菜和生态养殖，高山冷凉蔬菜种植面积达20万亩，生态养殖的黑山羊存栏量达到10万只。

10.3.3 广西气候与农业地域分异

广西气候温暖湿润，属于亚热带季风气候，光照充足，雨量充沛，年平均日照时数1600~1800小时，年降水量1200~1600毫米。

桂南地区热量丰富，年平均气温22℃左右，是我国重要的蔗糖生产基地。同时，桂南地区也是水果种植的优势区域，芒果种植面积达100万亩，香蕉种植面积30万亩，荔枝种植面积20万亩，水果品质优良，深受市场欢迎。

桂北地区气候相对凉爽，年平均气温18℃~20℃，适宜种植柑橘、葡萄等水果。桂林的砂糖橘以其清甜的口感和小巧的果型，闻名全国，种植面积达150万亩。葡萄种植主要集中在桂林、柳州等地，种植面积达20万亩，通过采用避雨栽培、设施栽培等技术，提高了葡萄的品质和产量。此外，桂北地区还利用丰富的水资源，发展渔业养殖，养殖面积达 10 万亩，水产品产量逐年增长。

10.4 基于滇黔桂革命老区农业地域分异的特色农业产业发展模式设计

10.4.1 云南特色农业产业发展模式

其一，滇南热带经济作物高效生态模式。充分利用滇南热带、亚热带气候优势，持续强化橡胶、咖啡、热带水果等产业发展。在种植环节，深化科技应用，推广智能灌溉、精准施肥系统，提高资源利用效率，降低生产成本。比如在西双版纳的橡胶种植园，进一步扩大智能化管理系统的覆盖范围，不仅实现对灌溉和施肥的精准控制，还通过大数据分析病虫害发生规律，提前预警并采取生物防治措施，减少化学农药使用。在加工环节，引入先进的加工技术和设备，提升产品附加值。针对咖啡产业，建设集咖啡豆烘焙、研磨、包装于一体的现代化加工厂，打造具有国际影响力的咖啡品牌，拓展国际市场。在产业融合方面，开发热带经济作物主题旅游，建设橡胶文化博物馆、咖啡庄园等，让游客亲身体验种植、采摘、加工全过程，推动一二三产业深度融合。

其二，滇中—滇北花卉与茶叶全产业链模式。以昆明为核心，在滇中、滇北地区打造花卉和茶叶全产业链发展模式。在花卉产业，加强花卉新品种研发，与国内外科研机构合作，培育具有自主知识产权的花卉品种。同时，完善花卉物流配送体系，建立冷链物流中心，确保花卉在运输过程中的品质。在茶叶产业，加强古茶树资源保护与开发，传承和创新茶叶加工工艺，打造高端茶叶品牌。建设茶文化创意产业园，将茶叶种植、加工、销售与茶文化展示、茶艺培训、茶叶电商等有机结合，形成完整的茶叶产业生态系统。

10.4.2　贵州特色农业产业发展模式

其一，黔中—黔北绿色有机农产品模式。针对黔中、黔北的茶叶、辣椒、中药材产业，全力打造绿色有机农产品发展模式。加大对生态种植技术的研发和推广力度，建立生态种植示范基地，引导农民采用绿色防控技术和有机肥料，减少农业面源污染。例如在湄潭县茶叶产区，进一步完善"茶—虫—菌"生态循环模式，形成可复制、可推广的经验。加强品牌建设，制定严格的绿色有机农产品标准，通过参加国际农产品展销会、举办农产品品牌推介会等方式，提升品牌知名度和美誉度。同时，建立农产品质量追溯体系，让消费者能够通过扫码等方式，了解农产品的生产过程和质量信息，增强消费者对贵州绿色有机农产品的信任感。

其二，黔西南—黔南特色水果与旅游融合模式。在黔西南、黔南地区，依托独特的喀斯特地貌和气候条件，发展特色水果与旅游融合模式。一方面，加强特色水果种植技术研发，培育适合当地生长的优质品种，如口感更甜、耐储存的火龙果品种，另一方面，深度开发水果深加工产品，除了现有的果汁、果脯、保健品等，还可以研发水果化妆品、水果休闲食品等。在旅游开发方面，打造以特色水果为主题的旅游景区，建设水果采摘园、水果文化博物馆、水果主题民宿等。通过举办水果文化节、采摘节等活动，吸引游客前来体验，促进特色水果销售和旅游产业发展。

10.4.3　广西特色农业产业发展模式

其一，桂南甘蔗与水果现代化产业模式。在桂南地区，围绕甘蔗和水果产业，构建现代化产业模式。持续推进机械化、智能化技术应用，研发更加高效、节能的甘蔗种植、收割机械，提高甘蔗生产效率。同时，加强甘蔗深加工技术研发，除了传统的蔗糖生产，还可开发甘蔗生物能源、甘蔗膳食纤维等产品，延伸产业链。在水果产业，加强果园基础设施建设，完善灌溉、排水系统，推广标准化种植技术。利用大数据、物联网等技术，实现水果生产、销售全过程的信息化管理。例如，通过电商平台实时掌握水果销售数据，根据市场需求调整种植品种和规模。

其二，桂北水果与休闲农业融合模式。桂北地区凭借山水风光和水果种植优势，可大力发展水果与休闲农业融合模式。在水果种植方面，优化水果品种结构，引进早熟、晚熟品种，延长水果供应期。加强水果保鲜技术研发，提高水果储存和运输能力。在休闲农业开发方面，结合当地的自然风光和民俗文化，建设水果采摘园、农家乐、乡村民宿等旅游设施。推出水果采摘体验、农事活动体验、民俗文化表演等旅游项目，打造集休闲、娱乐、观光、体验于一体的乡村旅游项目。例如，在桂林的柑橘种植区，举办柑橘文化节，吸引游客前来采摘柑橘，品尝柑橘美食，体验乡村生活，以带动当地经济发展。

10.5　典型案例

10.5.1　云南案例——普洱咖啡产业发展模式

普洱作为云南咖啡产业的核心区域，是滇南热带经济作物高效生态模式的杰出代表。其咖啡种植面积达 110 万亩，2024 年产量约 8 万吨，所产咖啡豆凭借独特的风味，在国际咖啡市场上占据了一席之地。

在科技应用领域，普洱与云南农业大学、中国热带农业科学院等科研机构深度合作，投资 5000 万元建立了咖啡种植技术研发中心。经过多年的研究与实践，成功培育出"云啡 1 号"新品种。该品种在产量上较传统品种提高了 20%，经专业机构检测，其抗叶锈病能力提升了 35%，有效降低了病虫害对咖啡产量和品质的影响。与此同时，普洱大力推广智能灌溉和精准施肥系统。在爱伲咖啡庄园，通过安装土壤湿度传感器、气象观察站等设备，实现了对土壤湿度、肥力以及气候条件的 24 小时实时监测。基于这些数据，庄园的灌溉用水较之前减少了 30%，肥料用量降低了 20%，不仅节约了生产成本，还提升了咖啡豆的品质。

在加工环节，普洱积极引进国际先进的咖啡豆加工设备。以爱伲咖啡的加工厂为例，该厂斥资 8000 万元引进德国、意大利的咖啡豆烘焙、研磨和包装设备，具备年加工咖啡豆 1.5 万吨的能力。生产的产品涵盖速溶咖啡、挂耳咖啡、精品咖啡豆等多个品类，其中精品咖啡豆在日本市场的售价较普通咖啡豆高出 30%，产品远销欧美、日本等国际市场，年出口额达 5000 万美元。

在产业融合方面，普洱以漫崖咖啡庄园为试点，积极开发咖啡庄园旅游。庄园占地 5000 亩，集咖啡种植、加工、品鉴、旅游于一体。游客可以在庄园中体验咖啡采摘的乐趣，参与咖啡豆烘焙课程，还能在投资 3000 万元建设的咖啡文化博物馆了解咖啡的历史和文化。据统计，庄园每年接待游客量达 5 万人次，旅游收入超过 1000 万元，不仅带动了当地旅游业的发展，还极大地提高了普洱咖啡的品牌知名度。

然而，普洱咖啡产业在发展过程中也面临着诸多挑战。国际咖啡市场价格波动频繁，受巴西、哥伦比亚等咖啡主产国产量变化以及全球经济形势的影响，2023—2024 年，普洱咖啡豆的出口价格波动幅度达到 15%。部分小农户种植技术仍有待提高，据调查，约 30% 的小农户在病虫害防治和施肥管理方面存在不足。为应对这些挑战，当地政府联合农业部门，成立了市场监测小组，实时跟踪国际咖啡市场动态，每周为农户提供市场信息报告。同时，组织专家团队深入田间地头，开展技术培训，每年举办培训 50 场次，培训农户达 10000 人次，有效提高了农户的种植水平。

10.5.2　广西案例——崇左甘蔗产业发展模式

崇左作为桂南甘蔗与水果现代化产业模式的典型，甘蔗种植面积达 420 万亩，蔗糖产量占全国的五分之一，是全国重要的蔗糖生产基地。

在机械化和智能化发展方面，崇左大力推广甘蔗全程机械化种植。政府出台补贴政策，对购买甘蔗种植、收割机械的农户给予 30% 的补贴。目前，甘蔗机械化种植率达到 80%，机械化收割率达到 60%。通过研发和引进适合本地地形的甘蔗种植、收割机械，大大提高了生产效率，降低了人力成本。同时，利用大数据和物联网技术，实现了对甘蔗种植、收割、运输等环节的信息化管理。

在深加工技术研发上，崇左除了传统的蔗糖生产，还积极开发甘蔗生物能源、甘蔗膳食纤维等产品。广西东亚糖业集团投资 3 亿元建设了甘蔗生物能源项目，利用甘蔗渣发电，每年可发电 2 亿度，实现了对资源的循环利用，每年减少二氧化碳排放量 15 万吨。同时，与江南大学合作开发甘蔗膳食纤维产品，应用于食品、保健品等领域，延伸了产业链，甘蔗膳食纤维产品的年销售额达到 5000 万元。

但崇左甘蔗产业也面临着甘蔗种植成本上升、市场竞争加剧等挑战。受化肥、农药价格上涨以及人工成本增加的影响，2024 年甘蔗种植成本较去年增长了 12%。为应对这些挑战，当地政府加大对甘蔗种植的补贴力度，每亩补贴从 200 元提高到 300 元，切实降低农户种植成本。同时，鼓励企业加强技术创新，提高产品竞争力，拓展国内外市场。2024 年蔗糖出口量增长了 15%。

10.5.3　贵州案例——湄潭茶叶产业发展模式

湄潭茶叶种植面积达 60 万亩，以湄潭翠芽为代表的茶叶品牌在国内外享有盛誉。

在生态种植技术推广方面，湄潭大力推广"茶—虫—菌"生态循环模式。与贵州大学合作，建立了生物防治示范基地，通过释放捕食螨、七星瓢虫等害虫天敌，以及利用枯草芽孢杆菌、木霉菌等有益微生物防治病虫害，化学农药使用量减少了 40%。同时，推广有机肥料的使用，与本地有机肥生产企业合作，每年为茶农提供 5 万吨优质有机肥，提高了土壤肥力，保证了茶叶品质。目前，湄潭有机茶叶认证面积达 10 万亩，占茶叶总面积的 16.7%，有机茶叶的市场价格较普通茶叶高出 25%。

品牌建设方面，湄潭制定了严格的湄潭翠芽品牌标准。从茶叶的采摘标准来看，要求采摘一芽一叶初展的鲜叶，芽长于叶，长度不超过 2.5 厘米；加工工艺上，规定了摊青、杀青、理条、提毫等 10 道工序的具体参数；产品包装也有明确规定，必须采用环保材料，且包装上需标注产地、等级、生产日期等信息。通过参加国际茶叶展销会、举办茶文化节等活动，切实提升品牌知名度。在 2024 年中国国际茶叶博览会上，湄潭翠芽获得了 5 项金奖，进一步提高了品牌美誉度。

在质量追溯体系建设上，湄潭投资 1000 万元建立了农产品质量追溯平台。消费者通过扫描茶叶包装上的二维码，就能了解茶叶的种植农户、施肥用药情况、采摘时间、加工过程等信息。截至 2024 年，已有 500 家茶企接入该平台，消费者对湄潭茶叶的信任度提升了 30%。

不过，湄潭茶叶产业也面临着茶叶深加工不足、市场竞争激烈等问题。目前，湄潭茶叶深加工产品的产值仅占茶叶总产值的 15%，而福建、浙江等茶叶主产区这一比例达到 30% 以上。为解决以上问题，湄潭加大了对茶叶深加工技术的研发投入，与江南大学合作，开发了茶多酚、茶饮料等深加工产品。同时，加强品牌营销，在抖音、淘宝等平台开设官方旗舰店，拓展线上线下销售渠道，2024 年线上销售额增长了 50%，有效提高了市场占有率。

10.5.4 云南文山市案例——文山三七产业品牌化实践

文山作为三七的原产区和主产地，拥有独特的自然环境，为三七生长提供了得天独厚的条件。长期以来，三七种植以传统模式为主，农户分散种植，规模较小，技术依赖经验传承，主要在本地集市进行销售，知名度局限于周边地区。

随着市场需求的增长，传统种植模式弊端渐显。分散种植导致质量参差不齐，难以满足市场对高品质三七的需求；缺乏标准化生产，农药残留等问题影响产品品质；销售渠道狭窄，价格波动大，制约产业发展。

为破局，文山州积极探索转型。在技术革新上，采取"政府+科研机构+种子种苗企业"合作模式，组建文山三七研究院，成功选育苗乡 1 号、苗乡 2 号等 13 个三七新品种，完善了种植技术和质量标准。与朱有勇院士团队合作，成立院士(专家)工作站 17 个，建成"文山三七创新科技示范园"，研究攻克三七连作障碍，将种植间隔周期从 20 年降低到 5 年，推广

153

"生态种植""林下种植""仿原生境种植"，新建林下三七种植试验示范推广基地5个共240余亩，认定"绿色食品牌"产业基地21个，高品质药园91个，其中9家企业获云南省"定制药园"称号，推动种植向规模化、标准化、集约化、产业化、基地化转变。

品牌建设方面，文山州制定《文山三七发展条例》，出台《关于加快推进文山三七产业高质量发展的意见》《文山州打造世界"三七之都"规划（2021—2025年）》等政策措施，实施"一二三四"发展战略，即"一个定位"：打造世界"三七之都"；"二个核心"：聚焦种业和产地加工；"三化发展"：推进产业绿色化、品牌化、数字化发展；"四大基地"：建设全国最大的绿色三七优质原料供应基地、全国最大的三七产地加工基地、全国最大的三七产地交易市场及仓储物流基地、全国知名的三七康养旅游服务健康目的地。通过政府主导，打造"文山三七"区域公用品牌，严格规范品牌使用，制定"文山三七"地理标志证明商标使用条件，对申请使用品牌的企业和商家进行严格审核，确保产品质量符合《地理标志产品文山三七》（GB/T19086—2016）质量标准。截至2023年，文山三七已成为云南省"绿色食品牌"区域公用品牌，全国中药材第一大品牌。

在市场拓展上，以文山三七产业园区创建国家级高新技术产业开发区为契机，加快完善园区基础设施建设，推进文山三七数字国际交易中心项目建设，打造集科技、技术、标准、仓储、物流、交易、金融、溯源等贯穿全产业链的综合性服务平台，推动三七制药企业进驻园区聚集发展。同时积极开拓线上线下销售渠道，全州现有以三七为主的生物医药加工企业57户，加工和生产三七产品50余种，品类涵盖药品、中药饮片、保健食品、日化产品、特色食品等领域；流通企业和个体工商户累计达986户，电商平台注册三七网店达4100余家。通过参加国内外各类医药展会、农产品展销会，文山三七的品牌知名度和市场影响力不断提升，产品畅销全国，并出口到东南亚、欧美等地区。

从传统种植迈向品牌化经营，文山三七产业实现了质的飞跃。2023年，文山州三七中药材种植面积达230万亩，以三七为主的生物医药产业实现综合产值 351.51 亿元，正朝着 2030 年千亿目标稳步迈进。未来，文山三七产业将继续深化品牌建设，强化科技创新，推动产业持续高质量发展。

文山三七产业标准化生产成果显著。文山州全力推进三七标准化生产，建立起涵盖种植、加工等全产业链的标准体系。在种植环节，通过与科研机构合作，深入研究三七生长特性，制定了详细的种植技术标准。例如，明确了土壤酸碱度、肥力要求，规定了种植密度、株行距等关键指标，推广"生态种植""林下种植""仿原生境种植"等绿色种植模式。截至目前，新建林下三七种植试验示范推广基地 5 个，共计 240 余亩，有效减少了传统种植对环境的影响，提升了三七品质。同时，认定"绿色食品牌"产业基地 21 个，高品质药园 91 个，其中 9 家企业获得云南省"定制药园"称号，推动三七种植向规模化、标准化、集约化、产业化、基地化转变。在加工环节，制定了严格的加工工艺流程标准，从三七的清洗、干燥、切片到成品包装，每个步骤都有明确规范，确保产品质量的稳定性和一致性。

文山三七在质量认证方面成绩斐然。文山三七在质量认证方面取得了众多突破。一方面，积极推动产品的有机认证，如七丹药业的林下三七种植基地以及自主生产的三七粉和鲜三七原浆成功通过有机产品认证，荣获"有机产品认证证书"。有机认证的获得，意味着产品在种植、加工过程中需严格遵循有机农业原则，无农药残留、无污染，品质和药用价值更高，满足消费者对高端三七产品的需求。另一方面，文山三七积极参与国际、国家、行业和地方标准制定，《中医药——三七种子种苗》《地理标志产品文山三七》等标准规范的出台，为文山三七的质量认证提供了有力依据。目前，文山三七已成为全国中药材第一大品牌，"文山三七"在市场上具有较高的认可度和公信力。

文山三七产业市场拓展成效突出。在市场拓展方面，文山三七通过多种渠道不断扩大市场份额。线上，积极搭建数字化交易平台，打造了三七地、三七通、三七拍卖中心等数字化交易平台，完成注册用户 4100 余户，认证企业店铺 300 余户，实现交易量 3500 余吨，交易额近 5 亿元。同时，电商平台注册三七网店达 4100 余家，借助互联网的力量，文山三七产品畅销全国各地。线下，以文山三七产业园区为依托，建设全国最大的三七产地交易市场及仓储物流基地，吸引了众多商家和采购商。积极参加国内外各类医药展会、农产品展销会，如中国国际医药原料药/中间体/包装/设备交易会、中国国际农产品交易会等，提升文山三七的品牌知名度和市场影响力。目前，文山三七产品不仅畅销全国，还出口到东南亚、欧美等地区。全国以三七为原料的药品、食品生产企业达 1430 家，云南白药、福建漳州片仔癀、复方丹参片、血塞通等名药均以三七为主要原料，充分体现了文山三七在国内外市场的重要地位。

另外，文山三七产业也面临各种挑战。

其一，市场竞争加剧。在市场竞争方面，产品同质化问题严重。随着三七市场需求的增长，越来越多的地区开始种植三七，市场上的三七产品种类繁多，但大多数产品在品质、功效宣传等方面差异不大。除了云南文山，其他一些地区也在大力发展三七种植产业，这些地区的三七产品在外观、功效宣传上与文山三七相似，消费者在选择时往往难以区分，这使得文山三七在市场竞争中难以突出自身优势，市场份额受到一定程度的挤压。

品牌竞争压力大也是一大挑战。虽然"文山三七"作为区域公用品牌具有较高的知名度，但在市场上，众多企业各自为政，缺乏统一的品牌营销策略和品牌形象塑造。一些企业的品牌建设意识薄弱，只注重短期利益，忽视品牌培育和维护，导致文山三七品牌在市场上的影响力未能充分发挥。同时，一些外来品牌通过大规模的广告宣传和市场推广，在消费者心中树立了一定的品牌形象，与文山三七形成了激烈的竞争。

此外，随着国际市场的逐渐开放，文山三七还面临着国际竞争的压力。一些国外的中药材或保健品企业，凭借先进的技术和成熟的市场运作经验，推出与三七功效类似的产品，在国际市场上与文山三七争夺份额。这些国外产品在质量标准、包装设计、营销手段等方面具有一定优势，对文山三七的国际化发展构成了威胁。

其二，技术创新瓶颈。在技术创新层面，文山三七产业面临着诸多阻碍。一方面，研发投入不足是一大难题。三七产业的技术创新需要大量资金支持，从种植技术的研发、病虫害防治技术的突破，到产品深加工技术的创新，都离不开资金保障。然而，目前文山三七产业中，大部分企业规模较小，资金有限，难以承担高昂的研发费用。另一方面，技术创新成果转化效率低。尽管文山州与多所科研机构合作，在三七种植、加工等技术方面取得了一定成果，如研发出多种三七新品种等，但这些成果在实际生产中的应用推广却面临困难。由于缺乏有效的成果转化机制，企业与科研机构之间的沟通协作不够顺畅，导致很多先进技术无法及时转化为实际生产力，无法为产业发展带来实质性的推动。

其三，人才短缺困境。人才短缺是文山三七产业发展的又一重大挑战。首先，专业技术人才匮乏。三七种植和加工涉及农业、药学、生物学等多个领域的专业知识，需要具备丰富经验和专业技能的人才。然而，目前文山地区相关专业技术人才储备不足，尤其是在三七种植技术指导、产品研发、质量检测等关键岗位上，人才缺口较大。许多种植户缺乏科学种植技术，只能依靠传统经验进行种植，导致三七产量和质量不稳定。

其次，人才培养体系不完善。文山地区虽然有一些高校和职业院校，但在三七相关专业设置上不够完善，人才培养与产业实际需求脱节。课程设置缺乏针对性，实践教学环节薄弱，培养出来的学生难以满足企业对专业技术人才的需求。同时，企业自身对人才培养的重视程度不够，缺乏完善的内部培训机制，无法为员工提供持续的职业发展支持。

最后，人才流失严重。由于文山地区经济发展水平相对较低，工作环境和待遇与发达地区相比存在差距，导致很多优秀人才选择离开。一些在三七产业领域积累了丰富经验的技术人才和管理人才，为了更好的职业发展和生活条件，纷纷流向大城市或其他行业，这进一步加剧了文山三七产业的人才短缺问题，影响了产业的创新发展和竞争力提升。

第十一章　主体功能区建设与滇黔桂革命老区特色农业产业发展

11.1　主体功能区的内涵及其建设

11.1.1　主体功能区的内涵

主体功能区是基于不同区域的资源环境承载能力、现有开发强度和发展潜力，以是否适宜或如何进行大规模高强度工业化城镇化开发为基准，划分出的不同功能定位区域。其核心在于因地制宜，根据各个区域的自然禀赋、经济基础和社会条件，明确其在区域发展中的主要功能，以此引导资源合理配置，实现区域协调发展。

从全国层面来看，主体功能区主要分为优化开发区域、重点开发区域、限制开发区域和禁止开发区域。优化开发区域一般是经济发达、人口密集、资源环境约束较大的地区，其功能定位是提升产业层次，优化经济结构，转变发展方式，提高资源利用效率，增强区域竞争力。重点开发区域则是有一定经济基础、资源环境承载能力较强、发展潜力较大、集聚人口和经济条件较好的地区，主要任务是承接产业转移，壮大产业规模，加快工业化和城镇化进程，成为带动区域发展的新增长极。

限制开发区域包括农产品主产区和重点生态功能区。农产品主产区以提供农产品为主体功能，保障国家农产品供给安全，这类区域要把增强农业综合生产能力作为发展的首要任务，加强农业基础设施建设，提高农业现代化水平。重点生态功能区以提供生态产品为主体功能，维护区域生态平衡，这类区域要加强生态保护和修复，限制大规模高强度的工业化城镇化开发，引导人口逐步有序转移。禁止开发区域是依法设立的各级各类自然文化资源保护区域，以及其他禁止进行工业化城镇化开发、需要特殊保护的重点生态功能区，其功能是保护自然文化资源和生态环境，严格控制人为因素对自然生态和文化自然遗产原真性、完整性的干扰 。

11.1.2 滇黔桂革命老区主体功能区建设的意义

对于滇黔桂革命老区而言，开展主体功能区建设具有重要意义。从资源保护角度看，滇黔桂革命老区拥有丰富的自然资源，如云南的森林资源、贵州的喀斯特地貌景观、广西的滨海湿地等。通过划定主体功能区，可以明确哪些区域需要重点保护，哪些区域可以适度开发，避免过度开发导致资源破坏和生态恶化。例如，将云南的一些森林资源丰富的地区划定为重点生态功能区，加强森林保护，有利于维护生物多样性，保障生态安全。

在经济发展方面，主体功能区建设有助于老区找准自身发展定位，发挥比较优势。如广西的平原地区，土地肥沃、水热条件好，可将其划定为农产品主产区，大力发展甘蔗、水稻等农业产业，形成规模化、专业化生产，提高农业生产效率和经济效益。同时，在一些具有一定工业基础和发展潜力的地区，将其划定为重点开发区域，承接产业转移，发展特色工业，促进产业升级，带动区域经济增长。

从社会发展角度看，合理的主体功能区建设可以促进人口合理分布，提高公共服务水平。在重点开发区域，通过产业发展吸引人口集聚，完善基础设施和公共服务设施，提高居民生活质量。而在限制开发区域和生态脆弱地区，有序引导人口转移，减轻生态压力，同时加强对转移人口的技能培训和就业扶持，以促进社会稳定和发展。

11.1.3 滇黔桂革命老区主体功能区建设要点

在建设过程中，科学规划是关键。要综合考虑自然条件、经济社会发展现状和未来发展趋势，运用地理信息系统（GIS）、遥感（RS）等技术手段，对土地资源、水资源、生态环境等进行全面评估，精准划定主体功能区边界。例如，在贵州喀斯特地区，通过遥感技术监测石漠化情况，结合土地适宜性评价，将石漠化严重、生态脆弱的区域划定为重点生态功能区，采取封山育林、植树造林等措施进行生态修复。

政策支持是保障。政府应出台一系列富有针对性的政策措施，加大对革命老区主体功能区建设的投入。在财政政策方面，加大对重点生态功能区和农产品主产区的生态补偿和农业补贴力度。在产业政策方面，对重点开发区域的产业发展给予税收优惠、土地供应等支持，引导产业集聚发展。在人才政策方面，制定吸引人才的优惠政策，鼓励各类人才投身革命老区建设。

此外，还要加强区域协调合作。滇黔桂革命老区涉及三省区，在主体功能区建设过程中，要打破行政壁垒，加强区域间的沟通协调与合作。建立区域合作机制，共同制定区域发展规划，实现资源共享、优势互补。例如，在旅游资源开发方面，整合三省区的红色旅游资源和自然旅游资源，打造跨区域的旅游线路，共同开拓旅游市场，提升区域旅游竞争力。

11.2　主体功能区建设与特色农业产业化的内在联系

11.2.1　资源优化配置与特色农业产业布局

主体功能区建设依据不同区域的资源环境承载能力，对土地、水、劳动力等资源进行优化配置，这为特色农业产业化提供了精准的产业布局指引。在农产品主产区，土地资源丰富且肥沃，灌溉水源充足，适合发展大规模的特色农业种植。比如广西的浔郁平原，作为重要的农产品主产区，凭借其优越的水土条件，可成为甘蔗、水稻等特色农业产业的集聚地。通过主体功能区的规划，集中投入农业基础设施建设资金，完善灌溉系统，修建农田道路，使甘蔗种植实现规模化、机械化作业，大幅提高生产效率,促进蔗糖产业的产业化发展。

在重点生态功能区,虽然限制大规模工业化开发,但丰富的森林、山地等自然资源为特色林下经济和生态养殖提供了广阔空间。云南滇西北的高山峡谷地区被划定为重点生态功能区后,利用当地丰富的森林资源,大力发展林下中药材种植和生态养殖,重楼、贝母等中药材的种植面积不断扩大,生态养殖的藏香猪、黑山羊等也成为特色农产品,形成了独具特色的生态农业产业模式,实现了生态保护与农业产业化的协同发展。

11.2.2 生态保护与特色农业可持续发展

重点生态功能区和禁止开发区域的划定,为特色农业产业化的可持续发展筑牢了生态根基。在这些区域,严格限制工业污染和过度的农业开发活动,保护了生态环境的原真性和完整性,为特色农业提供了绿色、有机的生产环境。例如,贵州的一些喀斯特山区被划定为重点生态功能区后,减少了化肥、农药的使用,采用绿色防控技术防治病虫害,使得当地的特色农产品如刺梨、天麻等品质更优,更符合市场对绿色、健康农产品的需求。这些绿色、有机的特色农产品在市场上往往能获得更高的价格,进一步推动了特色农产业的可持续发展。

同时,特色农业产业化过程中推广的生态种植、养殖模式,也有助于主体功能区的生态保护。如在农产品主产区推广的稻鸭共作、鱼菜共生等生态农业模式,既提高了农产品的产量和质量,又减少了农业面源污染,保护了土壤和水体生态环境,促进了主体功能区生态系统的稳定和平衡。

11.2.3 产业集聚与区域经济协同发展

主体功能区建设促进了特色农业产业的集聚发展,不同功能区的特色农业产业形成了独特的产业集群,带动了区域经济的协同发展。在重点开发区域,凭借完善的基础设施、便捷的交通和充足的劳动力资源,吸引了特色农产品加工企业的集聚。以广西南宁为例,作为重点开发区域,汇聚了众多蔗糖加工企业,形成了从甘蔗种植、收割到蔗糖加工、销售的完整产业链，不仅提高了蔗糖产业的附加值，还带动了包装、物流等相关产业的发展，创造了大量的就业机会，促进了区域经济的增长。

农产品主产区和重点生态功能区的特色农业产业发展，也为重点开发区域的农产品加工和销售提供了丰富的原材料和市场空间。例如，云南的花卉种植主要集中在农产品主产区，而昆明作为重点开发区域，凭借其完善的交通和物流体系，成为花卉加工、交易和出口的中心，实现了不同主体功能区之间的产业协同和经济互补，推动滇黔桂革命老区整体经济的发展。

11.2.4　政策支持与特色农业产业升级

主体功能区建设过程中出台的一系列政策，为特色农业产业化提供了有力支持，推动了特色农业产业的升级。财政政策方面，加大对农产品主产区和重点生态功能区特色农业的补贴力度，用于扶持特色农产品种植、养殖基地建设，以及农业科技研发和推广。例如，对云南咖啡种植户的良种补贴，促使农户种植高品质的咖啡品种，提高了咖啡的产量和质量。

产业政策上，对特色农产品加工企业给予税收优惠、贷款贴息等支持，引导企业加大技术改造和创新投入，提高农产品加工的精细化程度和附加值。比如贵州对刺梨加工企业的税收优惠政策，促使企业引进先进的加工设备，开发出刺梨口服液、刺梨面膜等多种深加工产品，延伸了刺梨产业链。

人才政策方面，大力吸引农业科技人才、管理人才投身特色农业产业，为产业升级提供智力支持。通过与高校、科研机构合作，建立人才培养和实践基地，培养了一批懂技术、会管理的新型农民和农业企业家，推动了特色农业产业的现代化发展。

11.3　以主体功能区建设为抓手，推进滇黔桂革命老区特色农业产业发展相关政策建议

首先，明确主体功能区定位，优化产业布局政策。依据滇黔桂革命老

区不同区域的资源环境承载能力和发展潜力，精准划分主体功能区。在农产品主产区，如广西的浔郁平原、云南的部分坝子，制定鼓励规模化、专业化农业生产的政策。给予土地流转补贴，鼓励农民将分散的土地集中流转，形成大型种植基地，实现机械化、标准化作业。例如，对流转土地面积达到500亩以上的新型农业经营主体，每年给予每亩200元的补贴，促进甘蔗、水稻等优势农产品的集中连片种植，提高农业生产效率。在重点生态功能区，如贵州的喀斯特山区、云南的滇西北高山峡谷地区，出台生态友好型农业发展政策，支持林下经济、生态养殖等产业。对从事林下中药材种植、生态养殖的农户和企业，给予种苗补贴、养殖设施建设补贴等，推动生态保护与特色农业产业协同发展。

其次，加强财政与金融政策支持力度。政府应进一步加大对革命老区特色农业产业的财政投入力度。设立专项财政资金，除了用于农业基础设施建设外，可增加对农业科技创新、品牌培育和市场开拓的支持。例如，每年安排5000万元用于支持滇黔桂革命老区特色农产品的品牌宣传推广，提升品牌知名度和市场竞争力。在金融政策方面，引导金融机构降低对特色农业产业的贷款门槛，提供低息、贴息贷款。鼓励保险机构开发特色农业保险产品，如针对云南咖啡种植的气象指数保险、针对广西水果种植的病虫害保险等，降低农业生产风险。设立农业产业投资基金，吸引社会资本投入，重点支持农产品加工、冷链物流等产业发展。

再次，强化生态保护与补偿政策。在重点生态功能区和禁止开发区域，严格执行生态保护政策，加强对森林、湿地、河流等生态系统的保护。制定严格的生态环境监管制度，对破坏生态环境的行为进行严厉处罚。同时，完善生态补偿机制，加大对因生态保护而限制发展的地区和农户的补偿力度。补偿资金可用于支持当地发展生态友好型特色农业产业，如在贵州石漠化地区，对参与生态修复并发展特色林果业的农户，给予每年每亩500元的生态补偿资金，促进生态保护与农民增收双赢。

又次，推动人才政策创新。制定吸引人才投身革命老区特色农业产业发展的优惠政策。对于高校农业相关专业毕业生到滇黔桂革命老区工作的，给予一次性安家费 5 万元，并提供住房保障。鼓励科研人员到农村开展技术服务和成果转化，在职称评定、科研项目申报等方面给予优先考虑。建立人才培养长效机制，与高校、职业院校合作，开展订单式人才培养。定期组织农民参加技术培训和职业技能提升培训，提升农民的科技文化素质和生产经营能力。

最后，制定区域合作与协同发展政策。滇黔桂三省区应加强区域合作，建立健全区域协调发展机制。共同制定区域特色农业产业发展规划，避免同质化竞争，实现优势互补。例如，联合打造跨区域的特色农产品品牌，整合云南的花卉、贵州的刺梨、广西的蔗糖等特色农产品资源，统一品牌宣传，提高市场影响力。加强区域间农产品流通体系建设，构建便捷的物流通道，降低物流成本。建立区域农产品质量安全追溯体系，实现农产品质量安全信息共享，提升农产品质量安全水平。同时，加强在农业科技研发、人才培养等方面的合作，共同推动革命老区特色农业产业发展。

第十二章 滇黔桂革命老区特色农业产业发展对策建议：政策优化

12.1 加快产业化经营，提高农产品商品率

产业化经营是现代农业的必然要求，也是当前我国农业发展的趋势使然。农业产业化经营可以促进传统农业的改造升级，提高农产品的流通性，提升农业企业的组织和管理水平，从而在一定程度上大幅增加农民的收入。滇黔桂革命老区在发展特色农业产业化的过程中需要从以下几个方面着力：一是大力培育资金实力雄厚的特色农业龙头企业，加快建设一批特色农业产业的加工基地；二是要充分发挥农业企业在市场中的主体作用，积极促进农民与农村专业合作社紧密结合，探索采用新型的合作模式，从而促进特色农业产业的健康发展；三是要加快建立农村新型生产服务体系，依托专业合作社，为农民的专业化生产提供产前、产中和产后的服务，实现资金、人才以及技术等资源的有效衔接；四是加大金融的扶持力度，针对农业的特殊性，政府应牵头当地的金融机构开发系列具有特色的农产品金融服务产品，为农业产业的腾飞提供充裕的资金支持；五是构建特色农业产业化的运作机制，通过构建新型的运行机制，规范各方利益群体的行为，达到一种平衡的状态。要充分发挥龙头企业联系市场和农户的纽带作用，促进农产品的专门化和规模化经营，进而提高农产品的商品流通率。

12.2　优化投资环境，释放市场活力

投资环境的改善，必定会吸引更多实力雄厚的投资者前来投资，并带动更多资本的流入，进而推动当地的经济发展，以及大幅提高居民的生活质量。滇黔桂革命老区作为西部欠发达地区，除了要大力发展特色农业外，还要从财政、社会、经济等方面对投资环境逐步优化，从而推动经济的高质量发展。从区域经济发展的规律来分析，作为经济欠发达的区域，促使其能快速发展的关键在于拥有一个完善的融资系统作为支撑。当地的金融机构，对于其所在区域的经济发展而言无疑具有较强的支撑作用。近年来，滇黔桂三地对农业的投入呈上升趋势，但相比第二和第三产业而言，其投入还远远不足。由此可见，滇黔桂三地应加大对农业的投资力度，加强对金融体系的监管，创新金融产品，营造良好的金融投资环境，为当地经济的腾飞奠定良好的金融基础。此外，特色农业的发展不仅需要硬件条件，同时也需要软件条件。滇黔桂三地在不断优化投资环境的同时，应注重提升农民的综合素质，要大力培养一批新型农民、农场主以及农村实用人才。此外，在经营主体方面，还需要培育一批家庭农场、农业企业以及合作社等新型的农业经营主体，这样才能有效地激发和释放整个农村经济的活力。

12.3　构建特色农业产业链，大力推进农业产业化经营

加大循环农业的发展力度，逐步构建循环经济的生产模式。在甘蔗、木薯以及剑麻等特色农业产业等方面培育和壮大一批具有较强市场竞争力的循环经济产业链，从而有效推动产业链的升级改造。加快形成一系列有自身特点的农业发展模式，积极推进农作物间套种种植模式的推广，推进"订单农业+价格联动"的产业化新模式，引导企业与农户建立利益共享、风险共担的利益分配机制，以此来激发农户和企业发展特色农业的积极

性。建立有区域特色的工业园区，促进产业集群的发展。采取产业链带动、龙头企业牵头、品牌辐射效应、市场推动等多种方式，在横向和纵向上对企业进行集聚。"横向"就是推进配套发展，形成专业分工，强化服务，提高服务水平；"纵向"是根据产业结构，向上、向下延伸，以加工与综合利用为重点，延伸产业链，以产业链为纽带，形成一批产业集聚程度较高的循环工业园区。不断完善流通体系，积极推进各大贸易中心建设完工，在此基础上，建立一批具有规模优势的农产品加工基地以及原产地批发市场。加大大型连锁超市与特色优势农产品基地、农业超市与大型农产品流通企业的对接力度，有效促进农产品流通企业与农业之间的协作，大力推进订单式农业的发展，以及标准化的种植养殖模式，大幅提高农产品的安全性和质量，逐步降低农产品在市场上的流通成本，从而增加农民的收入。

12.4 创新机制，转变经营模式

发展特色农业需要创新思维、创新机制。发展特色农业，不仅要有规模，而且要有技术，有管理，有资本。传统的小农种植模式，很难满足特色农业对质量的需求。因此，特色农业要在经营体制上进行创新，使生产、加工、销售紧密结合，实现贸工农三位一体，尤其是发展蚕丝绸、食用菌、中草药、禽畜、水果等特色农产品，要建立以项目为纽带，协同各利益主体共同发展的产业一体化发展机制。积极探索"公司+基地+农户"等发展模式，经营模式上实行产加销一体化开发、贸工农一条龙发展的模式。建立科学合理的创新激励机制，通过采取成果入股、人员入股等方式，充分调动科研人员的参与性与积极性。创新土地的利用方式，着力改变以往农民单打独斗的经营模式，鼓励农户以承包、反租赁等形式参与经营，并形成一套完整的土地流转制度。通过股份合作和产销合同等方式，创新利益联结机制，建立"利益分享，风险共担"的利益保障机制。在组织制度方面，要注重发展特色农业，提高农民的组织化水平，如可以通过成立农民专业协会、农民专业合作社等方式发展生产。以发展特色农业为指引，大力推进农业生产的专业化、商品化、集约化。

12.5 推进品牌建设，塑造知名品牌，加大品牌宣传力度

品牌效应对于区域特色农业的发展来说具有至关重要的作用，在特色农产品产业化的发展过程中，需要牢固树立品牌意识，根据区域独有的资源特色，打造自己的专属品牌。滇黔桂三地特色农产品的品牌化建设还处于快速成长期，政府部门应积极鼓励当地龙头企业发展高档产品，建立品牌，创建知名品牌。此外，要充分利用三地独特的资源禀赋，深度挖掘本土文化，积极申报和培育一批具有本土特色的地理标志产品以及知名商标，打造一批在国内外具有较高知名度和美誉度的区域特色农产品品牌。在注重农产品品牌化的同时，要紧跟市场前沿，结合客户的动态需要，不断创新产品的包装形式，促使品牌朝着国际化的方向发展。与此同时，还要大力完善特色农产品的质量检测标准，提高农产品的整体价值。此外，在塑造知名品牌的过程中，还要善于加强企业的管理，通过提高管理的科学性，规范生产流程以及研发机制，从而有效地促进农业企业的高质量发展，提升其综合竞争力水平。

12.6 加强品牌宣传推广，利用多种渠道进行品牌宣传

12.6.1 传统媒体宣传

与省级卫视及地方电视台深度合作，投入专项资金制作高清、精良的专题纪录片。例如，制作一部关于云南咖啡产业的纪录片时，可采用 4K 拍摄技术，深入普洱、保山等核心咖啡产区，记录咖啡豆从播种、开花、结果，到人工采摘、专业烘焙、精细研磨的全过程，同时采访当地咖农、

咖啡企业负责人以及咖啡文化研究者，全方位展现咖啡产业对当地经济、文化以及民生的深刻影响。纪录片播出前，通过电视台官网、社交媒体账号等渠道发布预告，吸引观众关注；播出后，在视频平台上架，方便观众回看，扩大传播范围。

在广播电台开设固定的农业专栏节目，如每周六上午的《滇黔桂特色农业之声》。提前策划节目内容，邀请农业专家讲解最新的种植养殖技术，如云南花卉的病虫害绿色防控技术；邀请种植大户分享种植经验，如广西果农应对台风灾害的果园管理技巧；邀请企业代表讲述品牌发展历程，如贵州刺梨加工企业如何从地方小厂成长为知名品牌。节目播出过程中设置热线电话和网络留言互动环节，解答听众疑问，增强节目黏性。

与地方主流报纸合作，在其农业板块定期推出专题报道。每月至少发布两篇深度报道，一篇聚焦某一特色农产品的产业发展现状，如云南茶叶的市场行情与品牌建设，另一篇介绍新产品或新技术，如广西甘蔗的新品种培育成果。报道中搭配高清图片和图表，使内容更具吸引力和说服力，引导读者进一步关注滇黔桂革命老区特色农业产业。

12.6.2　新媒体平台推广

组建专业的短视频制作团队，深入农产品产地和加工车间拍摄。运用无人机拍摄展示云南花卉种植基地的壮观花海，利用特写镜头捕捉贵州刺梨果实的饱满形态，通过慢动作呈现广西蔗糖的熬制过程。在视频中添加生动有趣的解说和背景音乐，增强感染力。邀请抖音、快手等平台上拥有百万粉丝以上的美食、生活类网红主播进行直播带货。主播在产地直采直播中，现场品尝并介绍特色农产品的口感和营养价值；在农产品烹饪直播中，用特色农产品制作美食，如用云南咖啡豆制作咖啡拉花、用广西芒果制作芒果蛋糕，实时解答观众疑问，同时发放优惠券，促进产品销售。

在微博、微信公众号等平台建立官方账号，安排专人运营。每周发布3~4条内容，包括品牌故事、产品资讯、优惠活动等。例如，在微博上发起"甜蜜之旅，探秘广西蔗糖"话题活动，设置话题专属海报和互动奖励，如抽取幸运粉丝赠送蔗糖礼盒。鼓励用户分享自己与蔗糖的故事、使用体验，提高话题热度；在微信公众号上定期发布深度文章，如《滇黔桂革命老区特色农产品背后的文化传承》等，结合图片和视频，增强可读性，吸引粉丝关注，建立品牌社群，定期举办线上抽奖、问答等活动，增强消费者黏性。

12.6.3　举办线下活动

积极参与国内外知名的农产品展销会、农业博览会宣销活动，如中国国际农产品交易会、荷兰国际农业展览会等。展位设计融入滇黔桂革命老区的地域文化特色，如贵州刺梨企业展位以喀斯特地貌为背景，展示刺梨生长环境；云南花卉企业展位打造花卉主题景观，设置花卉艺术作品展示区。在展位设置产品品尝区、互动体验区，如广西蔗糖企业提供蔗糖制品试吃，邀请参观者参与蔗糖制作手工体验，安排专业人员讲解产品营养价值和加工工艺，吸引国内外采购商和消费者关注。

举办特色农产品文化节，如云南花卉文化节、广西芒果文化节等。文化节持续时间为一周左右，其间举办花卉展览、芒果采摘大赛、文艺演出、农产品拍卖会等系列活动。花卉展览展示国内外珍稀花卉品种，邀请专业花艺师进行插花表演；芒果采摘大赛设置趣味比赛项目，吸引游客参与；文艺演出融入当地民族文化元素，展现地域风情；农产品拍卖会邀请知名企业和收藏家参与，提高产品知名度和美誉度。

12.6.4　合作推广

与携程、去哪儿等知名旅游企业合作，将特色农产品纳入热门旅游线路和旅游产品中。例如，在云南大理的旅游线路中，安排游客参观当地的茶叶种植园和加工厂，品尝特色茶叶，购买茶叶产品；在广西北海的旅游产品中，加入北海珍珠、海鸭蛋等特色农产品礼盒。在旅游景区周边设置特色农产品销售点，装修风格融入当地文化特色，配备专业销售人员，向游客详细介绍产品特点和购买方式。

与淘宝、京东等电商平台合作，开展特色农产品专题促销活动，如"滇黔桂革命老区特色农产品购物节"。活动期间，平台提供首页推荐位、专属流量入口等推广资源，对参与活动的农产品进行集中展示和推广。设置满减、折扣、赠品等优惠活动，吸引消费者购买。同时，利用平台大数据分析消费者偏好，精准推送产品信息，提高产品销量和品牌知名度。

与知名企业、明星、网红等进行品牌联名合作。如云南花卉品牌与雅诗兰黛等知名化妆品品牌联名推出花卉系列护肤品，借助化妆品品牌的全球市场渠道和庞大消费群体，提升花卉品牌的国际知名度和附加值；邀请明星代言贵州刺梨产品，利用明星的社交媒体账号发布代言广告和产品推荐内容，吸引粉丝关注和购买；与美食类网红合作，推出定制款特色农产品美食套餐，借助网红的影响力和粉丝基础，扩大品牌传播范围。

12.7　完善市场体系

12.7.1　拓展销售渠道，发展电商等新型销售模式

结合滇黔桂革命老区特色农业产业特点，可打造集农产品展示、销售、溯源于一体的专属电商平台。在平台设计前期，邀请专业的设计团队深入滇黔桂三地，对当地的民族文化、特色农产品进行深度调研，将云南的孔雀舞元素、贵州的蜡染艺术、广西的绣球文化等融入平台页面设计。比如在花卉产品展示页面，以云南民族舞蹈中灵动的孔雀姿态为背景动画，配合花卉的高清图片，营造出独特的视觉效果；对于贵州刺梨产品宣传，运用苗族刺绣针法勾勒出刺梨果实的轮廓，增强文化底蕴。

在平台功能设置上，除了常规的水果、蔬菜、茶叶等分类外，还根据地域特色设立专区。以"滇南热带水果专区"为例，除展示芒果、香蕉、菠萝等常见水果外，还可对一些小众但独具特色的水果如神秘果、人心果等进行详细介绍，配以产地故事、营养价值说明和食用方法推荐。引入先进的区块链溯源技术，消费者扫描产品二维码，不仅能获取农产品从种植、

加工到运输的全过程信息，还能看到施肥、用药记录，以及检测报告等详细数据，极大增强消费者信任度。

为保障平台的稳定运营，还需配备专业的技术维护团队，实时监控平台运行状况，及时修复漏洞和处理故障。同时，建立用户反馈机制，鼓励消费者和商家提出意见和建议，不断优化平台功能和服务。

在淘宝、京东、拼多多等主流电商平台开设官方旗舰店，针对不同平台用户特点制定精细化运营策略。淘宝平台上，消费者注重品质与品牌，可推出以"滇黔桂臻品"为主题的高端、有机特色农产品礼盒，礼盒内搭配具有当地文化特色的小礼品，如云南的手工银饰、贵州的竹编工艺品、广西的壮锦手帕等，提升产品附加值。

拼多多平台用户追求性价比，可推出实惠的量贩装产品，如"广西甜蜜蔗糖量贩包""贵州刺梨能量量贩罐"等，通过拼团、限时折扣等活动吸引价格敏感型消费者购买。参加平台各类促销活动前，应组建专门的活动策划小组，提前三个月开始筹备。以淘宝"双十一"为例，分析过往销售数据，结合市场趋势，确定主打产品和优惠方案。提前一个月与供应商沟通，确保库存充足。活动期间，安排专人负责店铺客服，及时回复消费者咨询，处理售后问题。利用平台直播带货功能，邀请产地农户、企业负责人亲自上阵直播。直播前，对主播进行专业培训，包括产品知识、直播话术、互动技巧等方面。直播过程中，设置抽奖、问答等互动环节，发放优惠券、赠品，如直播云南咖啡时，抽取幸运观众赠送咖啡豆研磨器具，增强消费者购买意愿。

借助微信、抖音、快手等社交平台，开展全方位社交电商业务。在微信平台，建立多个农产品粉丝社群，根据不同产品类型和消费群体进行细分，如"云南花卉爱好者群""贵州刺梨养生群""广西蔗糖美食群"等。定期分享农产品知识，如在花卉群中分享花卉养护技巧，在刺梨群中介绍刺梨的药用价值和食用方法。举办线上品鉴会，提前向群成员邮寄样品，直播品鉴过程中邀请群成员分享感受；开展团购活动，设置阶梯式团购优惠，如团购人数达到 50 人，可享受八折优惠，达到 100 人，享受七折优惠，激发消费者参与热情。利用抖音、快手短视频"种草"与直播带货，邀请专业的短视频制作团队，运用特效、动画等技术，突出农产品的独特之处。如制作云南咖啡短视频时，运用慢镜头展示咖啡豆研磨、冲泡的过程，配合醇厚的香气特效，吸引观众。邀请平台上拥有百万粉丝以上的"三农"领域网红达人合作，合作前，对网红的粉丝画像、过往带货数据进行分析，选择与产品目标受众相匹配的网红。合作过程中，为网红提供详细的产品资料和创意建议，共同策划推广视频和直播内容，借助其粉丝基础与影响力，扩大产品销售范围。

鉴于特色农产品易腐坏的特点，大力发展冷链物流。政府与企业合作，设立冷链物流专项发展基金，每年投入不少于 5 亿元，用于支持冷链物流基础设施建设。在滇黔桂革命老区各主要农产品产区，根据当地的农产品产量和物流需求，合理规划建设冷库、冷藏保鲜库等设施。例如，在广西芒果主产区，建设大型的气调保鲜冷库，可储存芒果 5000 吨以上，延长芒果的保鲜期。

整合物流资源，鼓励当地物流企业与顺丰、京东等大型物流企业合作，通过股权合作、业务合作等方式，构建覆盖全区的冷链物流配送网络。运用大数据、物联网等技术，实现冷链物流全程监控。在冷藏车、冷库中安装高精度温度传感器、湿度传感器和定位设备，实时将数据传输至物流监控平台。一旦温度、湿度出现异常波动，系统自动发出预警信息，通知相关人员及时处理。同时，利用大数据分析物流路线和配送时间，优化配送方案，提高配送效率，降低物流成本。

人才是电商发展的关键，应建立多层次电商人才培养体系。政府可联合高校、职业院校，开设电商相关专业课程，如在云南农业大学开设"滇黔桂特色农业电商运营"专业，课程设置涵盖农业知识、电商平台操作、市场营销、数据分析等方面。邀请行业专家参与课程设计，确保课程内容与实际需求紧密结合。

定期举办电商培训班，邀请电商行业专家、成功电商从业者为当地农民及农业企业员工授课。培训班分为基础班、进阶班和高级班，基础班主要教授电商基础知识和平台操作技巧；进阶班重点讲解店铺运营、营销推广策略；高级班则聚焦于电商数据分析、供应链管理等内容。培训采用线上线下相结合的方式，线上通过直播课程、录播视频等方式，方便学员随时随地学习；线下集中授课，安排实践操作和案例分析环节，提高学员的实际操作能力。

设立电商创业孵化基地，为有电商创业意愿的人员提供场地、设备、资金等支持。基地配备专业的创业导师，为创业者提供一对一的指导服务，从项目策划、店铺搭建、产品选品到营销推广，全程跟踪指导。对优秀的创业项目，给予 5 万~10 万元的创业资金支持，并推荐其参加各类电商创业大赛，以创业带动就业，促进电商产业发展。

12.7.2 加强市场信息服务，建立农产品市场信息服务平台

采用先进的云计算技术搭建农产品市场信息服务平台，选用知名的云计算服务商，如阿里云、腾讯云等，确保平台的稳定性与可扩展性，以应对农产品市场信息的海量数据和高并发访问需求。平台分为数据采集层、数据处理层、应用层和用户交互层。

数据采集层通过多种方式收集信息，包括与政府机构、电商平台、物流企业等建立数据接口，实时获取数据；利用网络爬虫技术，从各大农产品交易网站、行业论坛等抓取相关信息；部署物联网设备，如传感器、摄像头等，在农产品种植基地、加工车间、仓储中心等场所，实时采集农产品生长状况、加工进度、库存动态等数据。数据处理层运用大数据分析技术，对采集到的数据进行清洗、去重、分类、分析和挖掘，提取有价值的信息。例如，通过聚类分析，发现农产品价格波动与季节、气候、市场需求等因素的关联。

应用层整合各类应用功能，包括价格监测与预警、供求信息发布、市场分析报告、技术与知识分享等。用户交互层为用户提供直观便捷的操作界面，支持网页端、移动端等多终端访问。在网页端，采用简洁明了的布局，方便用户快速查找所需信息；在移动端，开发专门的 APP，界面设计

符合手机操作习惯，设置消息推送功能，及时向用户发送重要信息。

建立多渠道的数据采集机制。与农业农村部门、商务部门、统计部门等政府机构签订数据共享协议，获取农产品生产、流通、消费等宏观数据。例如，从农业农村部门获取滇黔桂革命老区每年的特色农产品种植面积、产量等数据；从商务部门获取农产品进出口数据；从统计部门获取消费者消费偏好、消费能力等数据。

与电商平台、物流企业、批发市场等建立数据共享机制，通过 API 接口实时收集农产品价格、销量、库存、物流等实时数据。利用物联网设备，在农产品种植基地安装土壤湿度传感器、温度传感器、光照传感器等，实时监测农作物生长环境；在加工车间安装摄像头和生产设备数据采集器，监测加工进度和产品质量；在仓储中心安装库存传感器，实时掌握库存动态。组织专业的市场调研团队，深入农村、市场进行实地调研，每年开展不少于 50 次的实地调研活动，收集一手市场信息，包括消费者需求、市场趋势、竞争对手情况等。

实时跟踪滇黔桂革命老区各类特色农产品在国内外市场的价格走势，通过数据分析预测价格波动趋势。与国内外知名的农产品价格数据提供商合作，获取全面准确的价格数据。运用时间序列分析、回归分析等数据分析方法，建立价格预测模型。当云南咖啡豆价格连续两周下跌超过 10%时，平台自动发出预警信息，通过短信、APP 推送、邮件等方式通知咖啡种植户和相关企业。同时，平台提供价格波动原因分析报告，帮助用户了解市场变化，适时调整销售策略。

整合农产品的供应与需求信息，为农户、企业与采购商搭建沟通桥梁。农户和企业可在平台上发布农产品的品种、产量、上市时间、质量标准等供应信息，上传农产品的高清图片和视频，展示产品的真实状态。采购商则发布采购需求，包括采购品种、数量、价格预期等。平台通过智能匹配算法，根据供需双方的条件进行精准匹配，为双方提供联系方式，促进交易达成。同时，平台对交易过程进行跟踪记录，保障交易安全。

定期发布农产品市场分析报告，内容涵盖市场动态、行业趋势、政策解读、技术创新等方面。邀请农业经济专家、市场分析师等撰写专业报告，深入分析国内外农产品市场形势。例如，针对贵州刺梨产业，分析市场竞争格局，研究主要竞争对手的产品特点、营销策略；分析消费者需求变化，包括消费者对刺梨产品的口味、包装、功能等方面的需求；预测未来发展趋势，如刺梨深加工产品的市场前景、电商渠道对刺梨销售的影响等，为产业发展提供方向指引。

设立农业技术与知识分享板块，邀请农业专家、技术人员上传种植养殖技术、病虫害防治、农产品加工等方面的资料及视频教程。资料和视频教程按照农产品类别、技术难度等进行分类，方便用户查找学习。例如，按照水果、蔬菜、茶叶等类别，分别设置种植技术专题；按照基础技术、进阶技术、高级技术等难度级别，设置不同的学习模块。同时，开设在线问答社区，邀请专家和技术人员定期在线解答用户的问题，方便用户之间交流经验、分享心得。

平台推广与应用。通过政府发文、农业农村部门宣传、举办培训活动等方式，向滇黔桂革命老区的农户、农业企业、合作社、经销商等广泛宣传农产品市场信息服务平台。政府发布专门的文件，要求各级农业农村部门积极推广平台；农业农村部门组织工作人员深入农村、企业，发放宣传资料，讲解平台功能和使用方法。

举办平台使用培训活动，培训活动分为线上培训和线下培训。线上培训通过直播课程、录播视频等方式进行，方便用户随时随地学习；线下培训在各地农村、企业集中的地方设置培训点，邀请专业的培训讲师进行现场授课和操作演示。建立平台应用示范基地，选取部分有代表性的农户和企业作为示范，为示范户提供一对一的平台使用指导，帮助他们充分利用平台获取信息、开展业务。定期收集示范户的使用反馈，总结经验，向其他用户推广，展示平台在指导生产、销售方面的实际效果，引导更多用户使用平台，发挥平台在完善市场体系、促进农产品流通中的重要作用。

12.8 推动数字乡村建设

12.8.1 完善数字基础设施，加快农村网络覆盖、电商物流体系建设

12.8.1.1 加强农村网络覆盖

政府应制定专项政策，鼓励电信运营商加大对农村地区网络基础设施建设的投入。可设立农村网络建设专项资金，依据运营商在农村新建基站数量、网络覆盖面积等指标进行补贴发放。例如，每新建一座符合标准的4G基站，给予运营商50万元的补贴；对于实现深度偏远山区网络覆盖的项目，额外给予100万元的奖励。在土地使用方面，简化农村基站建设用地审批流程，对于符合规划的基站建设项目，开辟绿色审批通道，确保在15个工作日内完成审批。在基站建设审批上，成立联合审批小组，由多个相关部门协同办公，一站式解决运营商在建设过程中遇到的审批难题，加快网络建设进度。根据"十四五"规划，中央财政将为电信普遍服务安排补助资金100亿元左右，这为农村网络建设提供了有力的资金支持。

针对滇黔桂地区部分偏远农村地区网络覆盖不足的问题，可实施区域差异化政策。对于网络建设难度大、成本高的山区和少数民族聚居区，设立特殊扶持项目。如在云南的一些山区，由于地形复杂，传统的光纤铺设难度极大，可采用卫星通信与5G基站相结合的方式。政府对采用此类混合技术实现网络覆盖的项目，给予50%的建设成本补贴。同时，组织技术专家团队，深入这些地区进行实地勘察，根据地形地貌和人口分布特点，制定个性化的网络建设方案。滇黔桂地区部分偏远农村网络覆盖率不高，需着力解决此问题，确保农村地区都能享受到高速、稳定的网络服务。

建立网络服务质量监管机制。政府相关部门应制定严格的网络服务质量标准，明确网络覆盖范围、网速最低标准、网络稳定性指标等。要求农

村地区 4G 网络平均下载速率不低于 10Mbps，网络掉线率每月不超过 3 次。定期对运营商的网络服务质量进行评估和考核，采用第三方评估机构与用户反馈相结合的方式。第三方评估机构每季度对运营商网络进行实地测试和数据采集，用户可通过专门的网络服务质量反馈平台提交使用体验和问题。对于服务质量不达标的运营商，首次责令限期整改，整改期限为 3 个月；若再次不达标，则处以 50 万元的罚款，并在行业内进行通报批评，保障农村用户的网络使用权益。

12.8.1.2 加快电商物流体系建设

政府应制定详细的电商物流发展规划，明确农村电商物流在未来五年内的发展目标。参考部分地区的发展经验，设定农村电商物流配送覆盖率达到 90%，农产品电商销售额年增长率达到 20% 等目标。出台相关政策，鼓励电商企业、物流企业在农村地区布局。对于在农村地区建设电商物流园区的企业，给予土地出让金减免 30% 的优惠；对建设农村配送中心的企业，提供 200 万元的一次性建设补贴。同时，设立农村电商物流发展专项基金，对入驻农村电商物流园区和配送中心的企业提供低息贷款，支持其发展壮大。

促进多方合作与协同发展，推动电商企业、物流企业、农村合作社、农户等多方合作，建立农村电商物流协同发展机制。鼓励电商平台与物流企业签订长期合作协议，共同打造农村电商物流配送网络。电商平台根据农产品销售数据，为物流企业提供配送需求预测，物流企业据此优化配送路线，提高配送效率。支持农村合作社、农户与电商企业、物流企业建立稳定的合作关系，农村合作社组织农户进行农产品标准化生产和包装，电商企业负责线上销售，物流企业负责配送，实现农产品的产销对接和高效配送。政府搭建合作交流平台，定期组织多方开展合作洽谈会和经验交流会，促进合作的深入开展。

加强人才培养与技术创新，加强农村电商物流人才培养，鼓励高校、职业院校开设农村电商物流相关专业和课程。在课程设置上，除了传统的电商和物流理论知识外，可增加农产品电商营销、农村物流配送实操等特色课程。同时，与电商企业、物流企业建立实习实训基地，让学生在实践中掌握实际操作技能。支持电商物流企业开展技术创新，对于采用大数据、物联网、人工智能等先进技术提升农村电商物流效率的企业，给予技术创新补贴。利用大数据分析农村电商物流需求，优化仓储布局和配送计划；通过物联网实现物流信息的实时跟踪和监控，提高物流配送的准确性和可靠性。政府定期举办农村电商物流技术创新大赛，对优秀的创新项目给予奖励和推广。

12.8.2 培育数字农业人才

精准规划培训内容，培训内容应紧密贴合农民实际需求与数字农业发展趋势。在数字农业基础知识板块，向农民深入浅出地讲解数字农业概念，如利用动画演示、案例分析等方式，阐述物联网、大数据、人工智能等技术如何应用于农业生产。以智能温室为例，展示传感器如何实时监测温室内温度、湿度、光照等环境参数，并自动调节设备，确保作物生长在最佳环境中，让农民直观感受数字农业的优势与发展趋势。现代农业技术应用课程应重点教授精准农业技术，包括如何利用卫星定位实现农田精准施肥、灌溉，以及无人机在农田测绘、病虫害监测与防治方面的应用。组织农民实地操作无人机，进行农药喷洒、农田拍照等实践，增强他们对新技术的掌握程度。

数据管理与分析课程中，可教授农民简单的数据收集与分析方法。例如，指导农民利用手机 APP 记录农作物生长周期内的各项数据，如施肥时间、产量等，并通过数据分析软件，分析数据与产量之间的关系，从而为后续生产决策提供依据。电子商务与市场营销课程，可帮助农民掌握电商平台操作技巧，如注册店铺、商品上架、客服沟通等。同时，传授农产品网络营销方法，如拍摄农产品宣传图片、撰写吸引人的产品介绍文案，以及利用社交媒体进行农产品推广等。

多元创新培训方式，可采用线上线下融合的多元化培训方式。线下培训可依托乡镇文化站、农村合作社、农业技术推广站等场所开展。定期举办集中培训讲座，邀请专家现场授课，设置互动环节，解答农民疑问。开展实地操作培训，组织农民到数字农业示范基地，亲身体验和操作智能农业设备，如智能灌溉系统、农业机器人等。同时，举办数字农业技能竞赛，激发农民学习积极性，如开展无人机操作竞赛、电商直播带货比赛等，对表现优秀者给予奖励。线上培训方面，搭建专门的数字农业培训平台，开发手机 APP 或在线学习网站。上传丰富的培训课程视频，包括基础知识讲解、技术操作演示等，方便农民随时随地学习。利用社交媒体平台，如微信公众号、抖音等，定期发布数字农业知识科普文章、短视频，拓宽农民学习渠道。建立线上交流社群，鼓励农民在群内交流学习心得、分享实践经验，遇到问题时，专家和技术人员可及时在群内给予指导。

精心组建培训师资库，组建一支专业且多元化的培训师资队伍。邀请高校农业信息化、电子商务等专业的教授，为农民讲解数字农业前沿理论知识，分享行业最新研究成果和发展趋势。聘请农业科技企业的技术专家，他们具有丰富的实践经验，能够向农民传授智能农业设备的实际操作技巧和维护方法。例如，邀请无人机生产企业的技术人员，讲解无人机的操作原理、常见故障排除法等。邀请农村电商领域的成功创业者，分享他们的创业经验和营销技巧，如如何打造农产品品牌、吸引客户等。同时，挖掘和培养本地"土专家""田秀才"，他们熟悉本地农业生产情况，可将数字技术与本地实际相结合，为农民提供更具针对性的指导。

严格落实培训考核，建立科学合理的培训考核机制，确保培训效果。每次培训结束后，要组织理论知识考核，以选择题、简答题等形式，考查农民对培训内容的掌握程度。同时，注重实践操作考核，让农民在实际场景中操作智能农业设备、进行电商平台运营等，根据操作熟练程度和完成质量进行评分。定期对农民的学习成果进行跟踪评估，了解他们在实际生产中对数字技术的应用情况，如农产品电商销售额是否增长、农业生产效率是否提高等。对于考核合格的农民，颁发数字农业技能培训合格证书，作为他们掌握相关技能的证明；对于考核不合格的农民，安排补考或再次培训，确保他们真正掌握数字农业技能。通过持续的培训与考核，不断提升农民的数字素养和技能水平，为数字乡村建设提供坚实的人才支撑。

12.9　强化生态补偿机制

12.9.1　明确补贴对象与范围，设计针对绿色生产的财政补贴方案

补贴对象主要为滇黔桂地区积极开展绿色生产的农业生产经营主体，包括农户、家庭农场、农民合作社、农业企业等。在补贴范围上，涵盖种植、养殖等多个领域。种植领域中，参与绿色种植，如采用测土配方施肥、绿肥种植、有机肥替代化肥、病虫害绿色防控等技术的生产主体可获补贴；养殖领域里，实施生态养殖模式，如采用环保型饲料、建设养殖废弃物处理设施、开展循环养殖的养殖场(户)可纳入补贴范围。同时，对于在生态脆弱地区开展绿色生产，起到生态修复和保护作用的生产经营主体，给予重点补贴。

制定差异化补贴标准，根据不同的绿色生产方式和项目，制定差异化的补贴标准。在种植方面，采用测土配方施肥技术，且配方肥的配方符合当地农业农村主管部门要求，采购、使用台账资料齐全的生产主体，按照实际种植面积给予每亩30元补贴；开展绿肥+优质稻种植，按照技术要求种植紫云英、苕用油菜等绿肥作物，春季翻耕沤肥，并种植部颁二级以上优质水稻的，验收合格后，给予每亩250元奖补；实施水稻病虫害绿色防控，按规范要求购置杀虫灯、诱捕器、诱芯等绿色防控设施及生物农药，达到绿色防控要求，减少农药使用的，按照实际支出给予补贴，每亩补贴不超过120元。

在养殖方面，对于建设养殖废弃物处理设施，且设施符合相关环保标准，能够有效处理养殖废弃物的养殖场(户)，根据设施建设成本给予一定比例的补贴，最高补贴金额不超过设施建设成本的30%；采用循环养殖模

式，如鱼菜共生、稻渔综合种养等，且符合相关技术规范的，按照实际养殖面积给予每亩220元奖补。

规范补贴申报与审核流程。申报流程遵循主体申报、乡村审核、县级验收、市级评估的步骤。符合条件的生产经营主体按要求准备上年度项目申报资料，包括土地承包租赁合同、生产记录、投入品采购发票等，向所属村（居）申报。申报主体需对资料真实性和作业真实性负责，申报时间由各地自行规定。村（居）在规定时间内完成初审，重点审核申报资料的完整性和真实性，初审通过后汇总上报乡镇。乡镇对申报项目进行复审，包括实地核查生产情况，复审结果按规定公示，公示无异议后汇总上报县级农业农村部门。

县级农业农村部门针对不同项目类别、生产节点组织分项验收，形成上年度项目县级验收资料，并在县级媒体公示。市级农业农村局对县级验收合格项目进行绩效评估，评估结果作为下一年度资金安排的重要依据。

加强对补贴资金的管理与监督。补贴资金由中央、省、市、县多级财政共同分担，确保资金足额到位。县级农业农村部门按照任务清单、补助标准、各级财政分担比例编制项目预算，县级财政部门足额安排项目预算。各地要在规定时间内完成验收合格项目资金兑现工作，严格按照项目奖补标准打卡发放。结转结余资金按照财政部门有关规定处理。

同时，加强对补贴资金的监督管理，建立健全资金监管机制。各地要加强项目宣传，做好项目事前、事中、事后全过程管理和日常业务指导，依法接受纪检、审计等部门监督。对虚报、冒领、挤占、截留、挪用、滞留项目资金等行为，依纪依法依规追究相关单位和责任人责任。

12.9.2 将农业碳汇纳入区域碳交易体系

将农业碳汇纳入区域碳交易体系，对推动滇黔桂地区生态补偿机制完善、助力"双碳"目标实现具有重要意义。农业碳汇是指在农业生产过程中，通过农业种植、植被恢复等措施，吸收大气中的二氧化碳，从而减少温室气体排放的过程或机制。滇黔桂地区生态资源丰富，农业在经济结构中占据重要地位，具备开展农业碳汇交易的良好基础。

在实施路径上，首先要建立科学的碳汇核算与监测体系。滇黔桂地区应联合科研机构、高校等专业力量，针对本地特色农业生产模式，如云南的花卉种植、咖啡种植，贵州的刺梨种植，广西的甘蔗种植等，研究制定精准的碳汇核算方法。利用卫星遥感、物联网、大数据等技术，对农业生产过程中的碳排放和碳吸收进行实时监测。例如，通过卫星遥感监测农田植被覆盖度和生长状况，利用物联网传感器监测土壤碳含量变化，为碳汇核算提供准确数据支撑。同时，建立长期的农业碳汇监测数据库，对不同年份、不同区域、不同农业生产方式下的碳汇数据进行汇总和分析，以便更好地掌握农业碳汇的动态变化规律。

其次，搭建区域农业碳汇交易平台。可借鉴长三角生态绿色一体化发展示范区农业碳汇交易试点经验，依托现有环境能源交易平台，如昆明环境能源交易所、贵阳环境能源交易所、广西北部湾环境交易所等，构建具备减排量核算、签发和消纳以及政策发布、信息披露、监督管理等功能的区域农业碳汇交易平台。平台应制定明确的交易规则和流程，包括碳汇项目的申报、审核、交易、结算等环节，确保交易的公平、公正、公开。在项目申报环节，要求申报主体提交详细的项目计划书，包括项目实施地点、农业生产方式、预计碳汇量等信息；在审核环节，组织专业的第三方机构对申报项目进行严格评估，确保项目符合碳汇交易标准；交易环节，提供线上线下相结合的交易模式，满足不同主体的交易需求；结算环节，建立安全、高效的资金结算系统，保障交易资金的及时到账，鼓励高耗能高排放企业积极参与农业碳汇交易，通过购买农业碳汇来抵消部分碳排放，实现企业的社会责任和减排目标。

最后，加强政策支持与引导。政府应出台一系列配套政策，鼓励农业生产经营主体积极参与碳汇项目开发。设立农业碳汇发展专项资金，对开展绿色低碳农业生产、参与碳汇交易的农户、家庭农场、农民合作社、农业企业等给予补贴和奖励。例如，对采用生态种植、养殖模式，减少化肥、农药使用，增加土壤碳储量的生产主体，按照碳汇增量给予一定的资金补贴。在税收方面，对参与农业碳汇交易的企业和个人给予税收优惠，降低交易成本。同时，加强对农业碳汇交易的宣传和培训，提高农业生产经营主体对碳汇交易的认识和参与度。组织开展碳汇交易知识讲座、培训班等活动，邀请专家为农民和农业企业讲解碳汇交易的原理、流程和收益，帮助他们掌握碳汇项目开发和交易的技能。

当然，将农业碳汇纳入区域碳交易体系也面临一些挑战。一方面，农业碳汇的产权界定不够清晰。农业碳汇主要与农业生产方式、品种技术选择及农地条件紧密相关，涉及主体包括村集体经济组织（农地所有者）、集体经济成员（农地承包者）及经营人（农地实际生产者）。在实践中，需要明确各主体在碳汇产生过程中的权益，以激励各方积极参与碳汇项目开发。例如，对于通过经营管理优化、技术创新应用及农资有效投入等产生的净碳汇，其确权应归属经营权人，作为对其推动农业绿色转型行为的补偿；因农地保护得当、地力提升，使得农田碳汇功能增强，这部分碳汇的确权主体应为承包权人，以激励其持续改善种植条件；集体农地通过引入绿色发展项目（如高标准农田建设、生态环境改良等）而增加的碳汇，其确权主体应为项目承接人，实际上多为集体经济组织，以鼓励其在促进农地质量提升方面的贡献。另一方面，农业碳汇项目开发成本较高，技术要求复杂，从项目设计、审定、备案、监测，到核证机构核证减排量、备案机构签发减排量、指定平台挂牌交易等环节，都需要专业的技术和资金支持。此外，市场对农业碳汇的认可度和接受度有待提高，部分企业和投资者对农业碳汇的价值和潜力认识不足，参与积极性不高。

针对这些挑战，应加强制度建设，明确农业碳汇的权属。通过制定相关法律法规和政策文件，明确各主体在碳汇产生、交易过程中的权利和义务，建立健全碳汇产权登记制度，保障碳汇产权的合法性和稳定性。同时，加大对农业碳汇技术研发和项目开发的支持力度，鼓励金融机构提供绿色信贷，降低项目开发成本。政府可以设立农业碳汇技术研发专项基金，支持科研机构开展农业碳汇关键技术研究，如碳汇监测技术、碳汇核算方法等。在市场培育方面，加强对农业碳汇的宣传推广，提高市场对农业碳汇的认知度和认可度。组织开展农业碳汇项目示范活动，展示农业碳汇的减排效果和经济效益，吸引更多企业和投资者参与农业碳汇交易。

将农业碳汇纳入区域碳交易体系，是滇黔桂地区实现生态补偿与经济发展双赢的重要举措。通过建立科学的核算与监测体系，搭建交易平台，完善政策支持，以及应对产权界定和项目开发成本等挑战，有望推动农业碳汇交易在该地区稳步开展，为全国农业碳汇交易提供有益经验。

第十三章 滇黔桂革命老区特色农业产业发展政策建议：政策支持

13.1 政府政策支持

13.1.1 财政政策

加大财政资金投入，政府应高度重视滇黔桂革命老区特色农业产业发展，设立专项财政资金池。起始年度投入应不低于 5 亿元，之后每年按照 10% 的速度稳步增长。这笔资金在农业基础设施建设方面将发挥关键作用。以云南花卉种植区为例，许多花卉种植基地因灌溉设施老旧，水资源浪费严重且供水不稳定，影响花卉品质和产量。专项资金可用于修缮和新建现代化灌溉渠道，引入智能滴灌和喷灌系统，根据花卉不同生长阶段精准供水，预计可节水 30%~40%，同时提高花卉产量 20% 左右。在贵州茶叶产区，部分山区道路崎岖，鲜叶运输困难，增加了生产成本。利用专项资金建设机耕道，能有效缩短运输时间，降低运输损耗，提高茶叶的新鲜度和市场竞争力。

在农业科技创新研发方面，可与云南农业大学、贵州大学、广西农业科学院等科研机构合作。针对云南咖啡品种单一、抗病性弱的问题，开展品种改良研究，培育适应本地气候且品质优良的新品种。例如，经过 3~5 年的研究，有望培育出产量提高 15%、抗病性增强 20% 的咖啡新品种，推动云南咖啡产业的可持续发展。对于贵州刺梨，开展高效种植技术研究，探索合理的种植密度、施肥方案和病虫害绿色防控技术，提高刺梨的产量和品质。

补贴政策的优化是促进特色农业发展的重要手段。在绿色生产补贴方面，对于采用绿色防控技术防治病虫害的农户和农业企业，如使用太阳能杀虫灯、性诱剂等物理和生物防治方法的，给予每亩300元补贴；对使用有机肥料的，每亩补贴400元。以广西甘蔗种植为例，某甘蔗种植合作社采用绿色防控技术和有机肥料后，甘蔗品质明显提升，甜度增加，在市场上价格提高了10%，同时减少了农药残留，符合绿色环保理念，对该合作社就应该予以重奖重补。

针对新型农业经营主体，根据经营规模和带动农户数量给予经营补贴。如一个带动50户以上农户，种植面积达到1000亩的家庭农场，每年给予20万元的补贴。通过这种方式，鼓励农民联合起来，实现规模化、专业化经营，提高农业生产效率和市场议价能力。此外，设立农产品价格补贴基金，当云南咖啡豆市场价格低于成本价15%时，启动补贴机制，按照市场价格与成本价的差价，给予种植户一定补贴，保障农民收益，稳定咖啡种植面积。

完善税收优惠政策。税收优惠政策能有效降低企业运营成本，激发企业发展活力。对从事特色农业产业的企业，前三年免征企业所得税，第四年至第六年减半征收。以贵州一家刺梨加工企业为例，在享受税收优惠政策的前三年，企业将节省下来的资金用于设备更新和技术研发，开发出刺梨口服液、刺梨面膜等新产品，产品附加值提高了30%。对农产品加工企业，对初级农产品加工实行6%的低税率，对深加工产品给予税收抵扣，如将刺梨加工成果汁、果脯等初级产品，税率为6%；加工成刺梨保健品等深加工产品，允许抵扣原材料采购、设备购置等环节的进项税额，鼓励企业延长产业链。

对农业生产资料生产企业，如农药、化肥、农机生产企业，减免企业所得税和增值税。一家广西的农机生产企业在享受税收减免后，降低了农机售价，使得更多农民能够购买先进的农业机械，提高了甘蔗种植和收割的机械化水平，甘蔗生产效率提高了40%。

13.1.2　产业政策

其一，科学规划产业布局。政府应组织专业团队，深入滇黔桂革命老区，对自然条件、资源禀赋和市场需求进行全面调研。在云南滇南地区，凭借其终年温暖湿润的热带气候优势，重点发展热带水果、花卉、咖啡等产业。以西双版纳为例，规划建设50万亩的热带水果种植基地，主要种植芒果、香蕉、菠萝等，将其打造成为国内知名的热带水果供应基地。在贵州喀斯特山区，土壤和气候条件适宜刺梨、茶叶、中药材等特色产业发展。在安顺地区规划建设30万亩的刺梨种植核心区，配套建设刺梨加工园区，形成种植、加工、销售一体化的产业格局。广西平原地区，水热条件优越，着重发展甘蔗、水稻、蔬菜等产业。在崇左规划建设100万亩甘蔗种植示范区，推广机械化种植和智能化管理，提高甘蔗产量和质量，巩固全国蔗糖生产基地的地位。通过科学规划，避免各地产业同质化竞争，实现区域内特色农业产业的差异化、协同化发展。

其二，促进产业融合发展。出台一系列政策鼓励特色农业与二、三产业融合发展。在农产品加工方面，对新建或扩建农产品加工项目给予土地优先审批、资金贷款贴息等支持。在农业与旅游、文化产业融合方面，打造特色农业旅游线路。在云南昆明周边打造花卉观光游线路，游客可以参观花卉种植基地、花卉交易市场，参与花卉采摘和插花体验活动，预计每年吸引游客50万人次以上，带动周边餐饮、住宿等服务业收入增长30%。在贵州打造刺梨文化体验游线路，游客可以参观刺梨种植园、刺梨加工工厂，品尝刺梨美食，了解刺梨文化，拓宽了农民增收渠道。

其三，培育产业集群。政府通过政策引导，培育特色农业产业集群。例如，在云南咖啡产业集群建设中，修建连接咖啡种植基地和加工园区的高速公路，缩短运输时间30%；完善电力供应设施，保障咖啡加工企业24小时稳定用电；提升通信网络覆盖，实现5G网络全覆盖，便于企业开展电商销售和远程管理。设立产业集群发展专项资金，每年投入2亿元，对入驻企业给予租金补贴、设备购置补贴等优惠政策。对新入驻的咖啡加工企业，前两年给予租金全免，第三年至第五年租金减半的优惠政策；对购置先进咖啡烘焙设备的企业，给予设备购置款 20% 的补贴。通过这些政策，吸引咖啡种植、加工、销售以及咖啡器具生产等企业聚集，形成完整的产业链条。鼓励企业之间开展技术合作、人才交流，定期举办咖啡产业技术研讨会和人才招聘会，促进产业集群的创新发展，提高产业竞争力。

13.2 基础设施建设支持

13.2.1 交通设施建设

滇黔桂革命老区山地众多，像贵州喀斯特山区和云南部分山区，地形复杂，现有公路状况不佳，严重阻碍了农产品运输。政府应加大资金投入，设立专项建设资金，每年投入不少于 10 亿元用于山区公路改造。在贵州安顺地区通往刺梨种植区的道路改造中，可将原本 3 米宽的狭窄土路拓宽至 6 米。施工过程中，严格按照公路工程施工规范操作，每铺设一层都进行压实度检测，确保路面强度和稳定性。在坡度超过 15% 的路段，采用防滑纹处理技术修建防滑带，每隔 50 米设置一道，宽度为 0.5 米；同时，安装波形梁钢护栏，高度为 1.1 米，立柱间距 2 米，以保障行车安全。在云南滇西北山区通往中药材种植基地的公路弯道处，安装凸面镜，镜面直径 1.5 米，安装高度 2 米，提前预警对向来车，降低交通事故发生率。

在偏远农村地区，公路覆盖率低，农产品运输困难。以广西部分偏远甘蔗种植村为例，由于缺乏公路连接，甘蔗运输主要依靠人力或小型拖拉机，成本高昂。可利用地理信息系统（GIS）结合实地勘察，对农村人口分布和农业产业布局进行详细分析。在广西偏远甘蔗种植区，根据分析结果，规划出 5 条主要公路路线，连接 10 个甘蔗种植大村。计划在未来 5 年内，投入 30 亿元新建 500 公里农村公路，路面采用沥青混凝土铺设，宽度为 4.5 米，设置错车道，每隔 500 米设一处。公路建设过程中，同步建设排水系统，采用边沟和涵洞相结合的方式，确保路面排水畅通，使甘蔗运输成本降低 30% 左右。

为提升大宗农产品运输效率，需加强铁路与公路的衔接。在云南咖啡主产区普洱市，投资 5 亿元建设大型铁路货运站和公路货运中转站。铁路货运站占地面积 500 亩，配备龙门吊、叉车等先进装卸设备，起重能力分别为 30 吨和 5 吨，可满足不同规格咖啡货物的装卸需求。公路货运中转站占地面积 200 亩，设置货物分拣区、仓储区和停车场。建立统一的调度管理系统，利用物联网技术，在货车和铁路车厢上安装 GPS 定位设备和温度、湿度传感器，实时监控货物运输状态。通过大数据分析，优化运输路线，根据不同季节、不同时间段的交通流量，合理安排运输计划，将货物运输时间缩短 2~3 天，物流成本降低 20%。

针对特色农产品易腐坏的特点，建设冷链物流运输通道。可在广西芒果产区与珠三角消费市场之间，投资 8 亿元建设冷链运输专线。配备 100 辆新型冷藏车，采用国际先进的制冷技术，制冷机组功率为 5~10 千瓦，确保车内温度始终保持在 10℃~15℃ 的芒果保鲜适宜区间。在沿线重要节点城市如南宁、广州等地建设 5 座冷库，每座冷库占地面积 10000 平方米，库容 5000 吨，配备自动化分拣设备和智能温控系统。通过温度监测系统，实时监控冷库和冷藏车内的温度，一旦温度异常，自动报警并启动备用制冷设备，保障芒果在运输过程中的品质不受影响，减少损耗率至 5% 以内。

13.2.2 水利设施建设

云南部分地区降水时空分布不均，季节性干旱频发，严重影响花卉、咖啡等作物生长。在云南保山咖啡产区，应投资建设中型水库。水库设计为混凝土重力坝坝型，坝高 50 米，坝顶长度 300 米，设计库容 500 万立方米。施工过程中，进行地质勘察，确保坝基稳定。在雨季，利用水库的溢洪道进行蓄水，溢洪道宽度 20 米，最大泄洪流量 500 立方米每秒。在旱季，通过输水隧洞为周边 3 万亩咖啡园提供稳定水源，输水隧洞直径 2 米，设计流量 5 立方米每秒。同时，在贵州喀斯特山区，由于地表水下渗严重，可采用钢筋混凝土结构修建地下水库，库容量 100 万立方米，通过集雨管网收集雨水和地下水，保障刺梨等作物的用水需求。

许多老区的灌溉渠道老化、破损，渗漏严重，水资源浪费大。可在广西甘蔗种植区，对现有灌溉渠道进行全面排查，利用无损检测技术检测渠道破损和渗漏位置。采用 HDPE 防渗膜对渠道进行衬砌，膜厚 1.5 毫米，铺设时确保膜与渠道紧密贴合，并用锚固沟固定。同时，根据甘蔗种植布局，新建灌溉渠道，采用预制混凝土 U 形槽，槽深 0.8 米，上口宽 1 米，下口宽 0.6 米。预计修缮和新建灌溉渠道后，可使甘蔗灌溉用水利用率提高 40% 左右，节约水资源 30%。

大力推广滴灌、喷灌等节水灌溉技术。在云南花卉种植区，投资 5000 万元建设滴灌系统示范基地，面积 1000 亩。滴灌系统采用压力补偿式滴头，流量为 2~4 升每小时，根据花卉不同生长阶段的需水特点，通过智能控制系统精准供水。为花卉种植户提供技术培训，邀请专家举办培训班，每年培训 500 人次；同时，给予设备购置补贴，补贴金额为设备购置款的 30%。通过示范带动，逐步在全区推广，计划在 3~5 年内，使云南花卉种植区的节水灌溉覆盖率达到 80% 以上，实现节水 50% 以上，同时提高花卉品质和产量。

建立健全水利设施管理与维护长效机制。成立专门的水利设施管理机构，配备水利工程、机电设备等专业技术人员 20 名。制订详细的维护计划和标准，每季度对水库进行一次全面检查，包括大坝外观、坝体内部结构、放水设施、溢洪道等；每月对灌溉渠道进行巡查，检查渠道衬砌、分水闸、渡槽等设施，及时修复破损部位。同时，设立水利设施维护专项资金，每年投入一定资金，保障维护工作的顺利开展。

13.3　金融支持

13.3.1　金融政策

其一，差异化信贷政策。鼓励金融机构深入调研滇黔桂革命老区特色农业产业的实际情况，制定切实可行的差异化信贷政策。以云南咖啡产业为例，咖啡树从种植到进入丰产期需 3~5 年，在此期间资金回笼缓慢。金融机构应摒弃以往 1~2 年的短期贷款模式，将贷款期限延长至 5~8 年。在贷款审批过程中，减少对传统抵押物的依赖，针对缺乏房产、土地等常规抵押物，但信用良好、经营稳定的咖啡种植户和企业，依据其土地流转合同、与咖啡收购商签订的农产品订单等进行信用贷款评估。例如，某咖啡种植户小李，拥有 30 亩咖啡种植园，与当地一家知名咖啡加工企业签订了长期供货合同。金融机构在对其信用状况、种植园经营数据进行详细分析后，为小李提供了 30 万元的信用贷款，用于购买优质咖啡种苗和先进的灌溉设备，助力其扩大生产规模。

其二，贷款贴息与担保补贴。政府需设立专项贴息资金，对特色农业产业贷款给予有力的贴息支持。对于云南花卉种植户，按贷款金额的 3%~5% 进行贴息。如花卉种植户小张贷款 50 万元用于建设花卉温室大棚，每年可获得 1.5 万~2.5 万元的贴息补贴，大大减轻了其利息负担。同时，对为特色农业产业提供担保服务的担保机构给予补贴。补贴标准设定为担保金额的 1%~2%，以鼓励担保机构降低担保费率。例如，一家为贵州刺梨加工企业提供担保的机构，在获得补贴后，将原本 3% 的担保费率降至2%，使得该刺梨加工企业的融资成本降低，提高了其融资可得性。

其三，农业保险补贴与创新。加大对特色农业保险的补贴力度，将云南咖啡、贵州刺梨、广西芒果等特色农产品的保险补贴比例提高至 60%~80%。以广西芒果种植户为例，购买芒果种植保险时，原本需缴纳 1 万元保费，补贴后只需支付 2000~4000 元。同时，推动保险产品创新。针对云南咖啡种植开发天气指数保险，气象部门与保险公司合作，设定当连续三个月降雨量低于 50 毫米，或平均气温高于 30℃时，即触发理赔机制。保险公司按照约定向咖啡种植户进行赔付，有效降低了因极端天气导致的咖啡减产风险。又如，针对广西芒果情况开发价格指数保险，当芒果市场价格连续两周低于约定价格时，给予相应赔偿，保障了果农的收益。

13.3.2　金融创新

其一，构建以特色农业产业核心企业为中心的供应链金融模式。以广西蔗糖产业为例，广西某大型蔗糖加工企业作为核心企业，与上下游供应商、经销商建立了紧密的合作关系。金融机构基于其真实的交易数据，为上游甘蔗种植户提供采购贷款。如甘蔗种植户老王，在种植季节需要购买种苗和化肥，金融机构根据老王与该蔗糖加工企业签订的供货合同，为其提供了 20 万元的采购贷款，确保其按时完成种植任务。同时，为下游经销商提供应收账款融资。某经销商与蔗糖加工企业有一笔 100 万元的交易，付款期限为 3 个月，金融机构通过评估该经销商的应收账款情况，为其提供了 80 万元的融资，解决了其资金周转难题。通过引入区块链技术，将供应链上的交易数据记录在区块链上，确保数据的真实性和不可篡改，提高金融机构对供应链金融业务的风险把控能力，此举预计可使上下游企业融资成本降低 10%～15%。

其二，农村金融资产交易平台建设。建立农村金融资产交易平台，可盘活农村沉睡资产。农户和农业企业可将土地经营权、林权、农产品收益权等在平台上进行流转和抵押融资。以云南花卉种植户为例，花卉种植户小赵拥有 50 亩花卉种植园的土地经营权，他将其在农村金融资产交易平台上进行抵押，平台引入专业评估机构对其土地经营权进行评估，评估价值为 80 万元。根据评估结果，小赵获得了 50 万元的贷款，用于购买先进的花卉种植设备和引进优质花卉品种。平台制定统一的交易规则和评估标准，确保交易的公平、公正、公开，提高了农村资产的流动性，为农业融资开辟了新渠道。

其三，拓展互联网金融服务。利用互联网金融平台，拓展特色农业产业融资渠道。开展线上小额信贷业务，金融机构与互联网金融平台合作，基于大数据分析农户和农业企业的信用状况、经营数据等。例如，通过分析贵州某刺梨种植合作社的线上销售数据、资金流水以及社员的信用记录，金融机构为该合作社提供了 20 万元的小额贷款，贷款额度在 5 万～30

万元之间，贷款审批时间缩短至 3~5 个工作日。同时，通过互联网众筹平台，为特色农业项目筹集资金。云南的一个特色花卉种植项目，通过众筹平台发布项目信息，吸引了 100 多名投资者参与，筹集资金 50 万元，用于扩大花卉种植规模和建设花卉展示区，拓宽了农业融资来源。

13.4　科技支持

13.4.1　加大科技投入

其一，设立专项科技基金。政府应高度重视滇黔桂革命老区特色农业产业的科技发展，积极设立滇黔桂革命老区特色农业产业科技发展专项基金。该基金起始年度投入应不低于 5 亿元，之后每年根据产业发展实际需求，按照不低于 10% 的增长率递增。

基金采取严格的项目申报制，科研机构、高校以及农业企业在申报时，需提交详细的项目计划书，包括研究目标、技术路线、预期成果、预算明细等内容。由来自农业科研、经济管理等领域的专家组成评审委员会，对申报项目进行评审。评审过程中，不仅关注项目的创新性和可行性，还应考量项目对当地特色农业产业的实际带动作用。例如，在云南咖啡抗锈病品种选育项目评审中，专家会重点评估项目所采用的育种技术是否先进，预期培育出的品种在实际种植中的抗锈病效果以及对咖啡产量和品质的提升程度。通过这种方式，确保资金投入科学合理，切实推动特色农业关键技术的突破。

其二，引导企业加大科技投入。为激发农业企业加大科技研发投入的积极性，政府应出台一系列具有吸引力的税收优惠和财政补贴政策。对于投入研发资金占企业年营业收入达到 3%~5% 的企业，给予研发投入 10% 的税收减免；投入比例达到 5%~8% 的企业，税收减免幅度提升至 15%；投入比例超过 8% 的企业，减免幅度为 20%。

在财政补贴方面，对企业购置单价在 50 万元以上的先进农业科研设备，补贴比例为设备购置款的 30%；购置单价在 100 万元以上的，补贴比例提高到 40%；购置单价在 200 万元以上的高端设备，补贴比例可达 50%。以广西某蔗糖企业为例，该企业投入 500 万元用于甘蔗种植智能化管理技术研发，其研发投入占年营业收入的 5.5%，按照政策可获得 75 万元的税收减免。该企业购置一套价值 200 万元的甘蔗种植智能监测设备，可获得 100 万元的补贴。这些政策有效降低了企业的研发成本，极大地提高了企业开展科技研发的积极性。

其三，加强产学研合作投入。政府出资搭建产学研合作平台，每年投入 1 亿元用于支持高校、科研机构与农业企业开展合作项目。在平台建设上，整合各方资源，建立线上线下相结合的合作交流渠道。线上搭建专门的产学研合作信息平台，提供项目发布、成果展示、人才交流等功能；线下定期举办产学研合作对接会、技术研讨会等活动，促进各方的沟通与合作。

在项目支持方面，重点支持云南农业大学与当地咖啡企业合作开展的咖啡品质提升技术研究，包括咖啡豆烘焙工艺优化、咖啡风味物质提取技术等；推动贵州大学与刺梨加工企业合作研发刺梨深加工新产品，如刺梨膳食纤维、刺梨多酚提取物等。政府设立产学研合作奖励基金，对取得显著成果的合作项目给予奖励：一等奖奖金 100 万元，奖励在关键技术上取得重大突破、对产业发展具有重大推动作用的项目；二等奖奖金 70 万元，奖励在技术创新和产品开发方面取得较好成果的项目；三等奖奖金 50 万元，奖励在技术改进和应用推广方面有一定成效的项目。通过奖励机制，鼓励各方深度合作，加速科技成果从实验室走向田间地头和生产车间。

13.4.2　培养科技人才

其一，构建多层次人才培养体系。在高校层面，积极鼓励滇黔桂地区的高校开设特色农业相关专业。云南农业大学在增设咖啡种植与加工专业时，可邀请行业专家参与课程设计，课程涵盖咖啡植物生理学、咖啡种植技术、咖啡加工工艺、咖啡品质品鉴等内容。同时，增加实践教学环节，与当地知名咖啡企业合作建立实习基地，学生在大学四年期间，将有不少于 6 个月的时间在实习基地进行实践学习，参与咖啡种植、采摘、加工等实际生产环节，接触并解决实际生产问题。

在职业教育层面，加强农业职业院校建设。以贵州为例，应整合职业教育资源，在省内重点农业职业院校设立刺梨产业技术培训中心，开展针对农民和农业企业员工的短期培训课程。课程内容紧密结合实际生产需求，如开设为期 3 个月的咖啡种植技术培训班，重点培训咖啡树的修剪、施肥、病虫害防治等实用技术；开设为期 6 个月的甘蔗机械化操作培训班，涵盖甘蔗种植机械、收割机械的操作与维护等内容。通过这些培训课程，快速提升从业者的专业技能，为特色农业产业发展提供实用型人才。

其二，实施人才激励政策。政府设立农业科技人才奖励基金，对在特色农业领域取得突出科研成果、技术创新的人才给予重奖。其中一等奖奖金 50 万元，要求获奖者在关键技术研发上获得国际领先水平的成果，如成功培育出具有重大推广价值的特色农产品新品种等；二等奖奖金 30 万元，奖励在技术创新和应用方面取得显著成效，推动当地特色农业产业发展的人才；三等奖奖金 10 万元，奖励在技术改进和科技推广方面做出积极贡献的人才。

在职称评定方面，制定专门针对农业科技人才的评定标准，对在农业科技推广一线工作满 5 年的人才，同等条件下优先晋升。在住房保障上，为农业科技人才提供人才公寓，租金补贴根据人才层次分为三个档次，其中高端人才补贴 80%，中级人才补贴 60%，初级人才补贴 50%。在子女入学方面，与当地优质学校建立合作关系，优先安排农业科技人才子女入学，解决人才的后顾之忧，吸引和留住优秀人才。

其三，引进外部高端人才。制订详细的人才引进计划，面向国内外知名科研机构和高校引进农业科技高端人才。设立人才引进专项资金，为引进人才提供 100 万~200 万元的科研启动资金。资金使用范围包括科研设备购置、实验材料采购、科研团队组建等。例如，广西某甘蔗研究机构从国际知名农业科研机构引进一名甘蔗遗传育种专家，为其提供 150 万元科研启动资金。其中，80 万元用于购置先进的基因测序设备和分子标记检测仪器，30 万元用于采购甘蔗种质资源和实验材料，40 万元用于组建由 3 ~ 5 名科研助手组成的科研团队。

同时，为引进人才提供具有竞争力的薪酬待遇，年薪不低于 50 万元，并给予一次性安家费 30 万元。此外，为引进人才提供良好的科研环境和发展空间，配备专门的实验室和办公场所，支持其开展科研项目和学术交流活动。通过这些措施，吸引高端人才投身滇黔桂革命老区特色农业产业发展，提升产业的科技水平和创新能力。

13.5　社会支持

13.5.1　社会组织的作用

社会组织在整合社会资源助力滇黔桂革命老区特色农业产业发展上成果显著。以慈善组织为例，"××公益基金会"长期关注云南咖啡产业，在得知部分咖啡种植户因资金短缺，难以引进适应气候变化的优质抗病咖啡种苗时，迅速发起"助力云南咖啡升级"专项募捐活动。通过线上线下多种渠道宣传，吸引了上百家企业和数千名爱心人士参与，短短一个月内筹集资金 50 万元。利用这笔资金，基金会为云南普洱地区 200 户种植户采购了优质的卡蒂姆、铁皮卡等咖啡种苗，新种苗的抗病性提升了 30%，咖啡豆产量平均每亩提高了 150 千克，且风味更佳，在市场上售价提升了 20%。

行业协会在资源整合方面同样发挥关键作用。广西蔗糖行业协会拥有 100 多家会员企业，为解决甘蔗机械化种植难题，协会牵头组织了技术攻关小组。协会整合各企业的技术骨干 50 余人，以及先进的研发设备，如高精度的土壤检测仪器、智能化的种植模拟系统等。经过两年的努力，成功研发出适合广西地形和甘蔗品种的机械化种植技术，使甘蔗种植效率提高了 40%，人工成本降低了 35%，推动整个蔗糖行业的竞争力大幅提升。

专业的农业技术协会和科技推广组织是提升老区特色农业技术水平的

重要力量。贵州刺梨产业技术协会每季度定期举办刺梨种植技术培训班，培训对象涵盖种植大户、合作社成员以及普通农户。培训内容紧跟行业前沿，在修剪技术培训中，引入了"轻剪缓放、多留枝"的新型修剪理念，通过现场示范，让种植户直观看到不同修剪方式对刺梨生长的影响。在施肥技术方面，详细讲解了根据刺梨不同生长阶段精准施肥的方法，如在萌芽期以氮肥为主，花期增加磷钾肥比例等。同时，协会还组织了50多名技术人员组成技术服务小队，深入8个刺梨主产县的田间地头，为农户提供一对一的技术指导。在病虫害防治方面，针对刺梨常见的白粉病、食心虫等，技术人员现场传授生物防治和物理防治方法，如利用糖醋液诱捕食心虫，采用硫磺粉防治白粉病等，有效减少了化学农药使用量，提升了刺梨品质。

社会组织在特色农业产业的市场拓展和品牌塑造上贡献突出。2024年，云南咖啡行业协会积极组织省内30多家咖啡企业参加国际咖啡品鉴会，在展会现场，通过精心设计的展位，展示云南咖啡从咖啡豆到成品咖啡的全产业链成果。协会还邀请国际知名咖啡品鉴师对云南咖啡进行品鉴和宣传，凭借云南咖啡独特的果香和醇厚口感，吸引了来自美国、德国、日本等国家的200多家采购商，签订了价值5000万美元的订单，使云南咖啡出口量在一年内增长了20%。

广西举办的蔗糖文化节已连续举办5届，规模逐年扩大。在文化节上，不仅展示了传统的蔗糖制作工艺，如甘蔗榨汁、熬糖、成型等步骤，还举办了蔗糖美食大赛，吸引上千名厨师和美食爱好者参与，推出了蔗糖蛋糕、蔗糖冰淇淋、蔗糖红烧肉等创新美食。文化节期间，每次均吸引游客和消费者不低于50万人次，线上线下曝光量达1亿次，广西蔗糖的品牌知名度和美誉度大幅提升，产品销量同比增长35%。

行业自律与规范。行业协会制定的规范和准则对维护特色农业产业市场秩序至关重要。云南咖啡行业协会针对市场乱象，制定了详细的咖啡质量标准，从咖啡豆的品种、种植环境、采摘成熟度到烘焙程度等都进行了明确规定。同时，建立了严格的市场交易规则，要求会员企业在交易中必须明码标价，不得恶意压价或哄抬价格。对于违反规定的企业，协会采取三级处罚机制：初次违规给予警告，并在协会内部通报批评；再次违规罚款 3 万~5 万元，并责令限期整改；多次违规则取消会员资格，并向行业内公开披露。通过这些措施，云南咖啡市场的诚信经营氛围日益浓厚，消费者对云南咖啡的信任度显著提高，推动了咖啡产业的健康发展。

13.5.2　公众参与

为提升公众对滇黔桂革命老区特色农业产业的认知，可采用全方位、多层次的宣传教育方式以扩大影响。以贵州刺梨为例，制作的专题纪录片《刺梨——深山里的瑰宝》，邀请知名纪录片导演执导，采用 4K 高清拍摄技术，深入贵州刺梨种植核心区，拍摄刺梨从开花结果到采摘加工的全过程。纪录片在央视农业频道、腾讯视频、爱奇艺等平台播出后，播放量累计达 500 万次。同时，组织农业科普团队走进贵州当地 50 所中小学和 30 个社区，举办农业知识讲座 80 场，参与人数达 2 万人次。在农产品品鉴会上，准备了刺梨果汁、刺梨果脯、刺梨酒等产品供公众品尝，现场讲解刺梨的营养价值，如富含维生素 C、超氧化物歧化酶（SOD）等抗氧化物质，能增强免疫力、美容养颜等，使公众对刺梨的认知度和认同感大幅提升。

建立多样化的利益联结机制，充分调动公众参与积极性。云南某咖啡种植园推出咖啡认购活动，认购面积分为 5 平方米、10 平方米和 20 平方米三个档次，对应不同的咖啡豆收获量和服务。认购者在收获季节不仅能获得高品质的咖啡豆，还能受邀参加咖啡种植园举办的农事体验活动，如参与咖啡采摘、学习咖啡豆烘焙技巧等。活动推出后，吸引了 500 多名城市居民参与认购，为种植园带来了 100 万元的资金，用于设备更新和技术改进。

广西某蔗糖企业在蔗糖文化节期间，设立了"金点子"奖励计划，对参与活动并提出建设性意见的公众，给予蔗糖产品优惠券（面额 50~200 元不等）、免费参观蔗糖加工厂以及优先参与企业新品研发体验等奖励。活动期间，共收集到有效建议 200 余条，涉及产品包装、销售渠道拓展等方面，企业采纳了 30%，产品销量因此提升了 15%。

搭建线上线下融合的公众参与平台，拓宽公众参与路径。在贵州刺梨产业发展中，线上通过抖音、淘宝等电商平台开设官方旗舰店，展示刺梨产品的同时，定期举办直播活动，邀请刺梨种植户、加工企业负责人分享刺梨种植和加工故事，解答消费者疑问，直播期间产品销量增长了 40%。同时，在意见征集板块，收集消费者对产品口味、包装的建议，为企业产品改进提供依据。线下在贵阳、遵义等城市繁华地段设立 5 家刺梨产品体验店，店内装修采用贵州民族风格，营造独特的消费氛围。消费者不仅可以品尝刺梨产品，还能通过多媒体展示了解刺梨产业发展历史和现状。此外，设立投诉举报热线和线上投诉平台，安排专人负责处理公众投诉，对农产品质量、市场秩序等问题及时跟进处理，保障特色农业产业健康发展。

13.6　国际合作与开放政策

13.6.1　开展跨境农业合作，与东盟国家共建特色农产品贸易区

其一，精准选址与布局规划。在与东盟国家共建特色农产品贸易区时，前期深入的调研工作至关重要。应组建专业的调研团队，涵盖地理、交通、经济、农业等多领域专家，对滇黔桂地区与东盟接壤的边境地区进行全面考察，不仅要评估当地的交通基础设施现状，包括公路、铁路、航空以及内河航运的线路布局、运输能力和未来规划，还要分析当地的经济发展水平、产业结构以及人口密度和消费能力。例如，在考察云南瑞丽时，发现瑞丽不仅是中国对缅贸易的重要口岸，拥有便捷的公路和铁路交通网络，而且当地的物流产业发展成熟，具备完善的仓储和配送体系，这为农产品跨境贸易提供了坚实的基础。

在贸易区布局规划上，除了划分农产品展示展销区、仓储物流区和加工区外，还应设置综合服务区。综合服务区内配备海关、检验检疫、税

务、金融等一站式服务窗口，简化贸易手续，提高贸易效率。同时，规划建设生活配套区，为贸易区内的工作人员和商户提供住宿、餐饮、娱乐等生活服务设施，营造良好的工作和生活环境。在农产品展示展销区，采用智能化的展示系统，通过多媒体互动设备，向参观者详细介绍特色农产品的产地、种植养殖过程、营养价值和食用方法等信息，增强消费者的购买欲望。

其二，健全运营管理机制。建立统一的贸易区管理机构，由滇黔桂地区政府、东盟国家相关部门以及行业协会共同组成。在管理机构中，设立专门的市场监管部门，负责监督贸易区内的市场秩序，打击假冒伪劣产品，维护公平竞争的市场环境。制定严格的知识产权保护制度，对特色农产品的品牌、商标、地理标志等进行有效保护，鼓励企业进行品牌创新和产品研发。加强与国际知名农产品认证机构的合作，引入国际先进的质量认证标准，提升贸易区内农产品的质量和国际竞争力。

同时建立完善的市场反馈机制，通过问卷调查、线上平台反馈、实地走访等方式，及时收集企业和消费者对贸易区运营管理的意见和建议。定期组织召开贸易区运营管理研讨会，邀请政府部门、企业代表、行业专家等共同参与，针对市场反馈的问题进行深入分析和讨论，制定切实可行的改进措施。

其三，强化政策支持与保障。在税收政策方面，除了减免进出口关税、增值税等常规优惠外，还可以对贸易区内从事农产品深加工、冷链物流等关键环节的企业，给予税收返还或财政补贴。例如，对于在贸易区内投资建设现代化冷链物流设施的企业，按照设施建设成本的一定比例给予财政补贴，鼓励企业提升农产品的保鲜和运输能力。

在土地政策上，政府可以通过土地流转、土地置换等方式，为贸易区建设提供充足的土地资源。对于入驻贸易区的重点企业和项目，给予长期的土地租赁优惠，降低企业的用地成本。同时，加强贸易区周边的基础设施建设，包括道路、水电、通信等，为贸易区的运营提供良好的外部条件。

加强金融支持，鼓励金融机构创新金融产品和服务。例如，开发针对农产品贸易的供应链金融产品，为贸易区内的上下游企业提供融资支持；推出农产品价格指数保险，帮助企业和农户应对农产品价格波动风险。建立跨境金融服务平台，实现贸易区内的跨境支付、结算、融资等金融业务的便捷化和高效化。

其四，加强人才培养与交流。联合滇黔桂地区的高校、科研机构以及东盟国家的相关院校，开设跨境农业合作相关专业和课程。在课程设置上，注重理论与实践相结合，除开设国际贸易、农业技术、外语交流等基础课程外，还增加实践教学环节，组织学生到贸易区、农产品生产基地、物流企业等进行实习和调研。邀请贸易区内的企业高管和行业专家走进课堂，分享实际工作中的经验和案例，让学生更好地了解行业动态和市场需求。

定期组织企业管理人员、技术人员和农户参加培训，培训内容不仅包括业务技能提升，还涵盖国际商务礼仪、跨文化交流等方面。通过开展文化交流活动，增进滇黔桂地区与东盟国家人员之间的相互了解和信任，为跨境农业合作营造良好的人文环境。同时加强人才交流，开展人才互派活动，让滇黔桂地区与东盟国家的农业人才相互学习、共同进步。同时，建立人才激励机制，对在跨境农业合作中表现突出的人才给予奖励和表彰，吸引更多优秀人才投身到贸易区的建设和发展中。

此外，积极推动贸易区的数字化建设，利用大数据、物联网、人工智能等先进技术，提升贸易区的运营管理水平。建立农产品质量追溯体系，通过物联网技术，对农产品从生产、加工、运输到销售的全过程进行实时监控和数据采集，消费者可以通过扫描产品二维码，获取农产品的详细信息，增强消费者对产品质量的信任度。利用大数据分析技术，对农产品市场供求信息、价格走势进行分析和预测，为企业的生产和销售决策提供科学依据。

13.6.2 探讨推动农产品出口认证与国际接轨的政策路径

其一，强化政策扶持与引导。政府应设立专项扶持资金，为农产品出口企业提供认证补贴。根据不同的国际认证标准，如全球良好农业规范（GlobalGAP）认证、危害分析与关键控制点（HACCP）认证、有机农产品认证等，按照认证费用的一定比例给予补贴，降低企业认证成本。例如，对于申请 GlobalGAP 认证的企业，给予 50% 的认证费用补贴。出台税收优惠政策，对通过国际认证的农产品出口企业，在一定期限内减免企业所得税，提高企业开展认证的积极性。同时，将农产品出口认证纳入地方政府的绩效考核指标，激励地方政府积极推动相关工作。

除了直接的资金补贴和税收优惠外，政府还可以提供政策倾斜，优先保障通过国际认证的农产品出口企业的生产要素需求，如土地、能源、水资源等。对于积极开展国际认证的企业，在项目审批、土地使用等方面开辟绿色通道，缩短审批周期，加快项目落地实施。设立农产品出口认证奖励基金，对在国际认证工作中表现突出的企业、个人以及相关机构给予表彰和奖励，树立行业标杆，营造良好的政策氛围。

其二，完善标准建设与更新机制。组织农业、质检、科研等多领域专家，深入研究国际先进的农产品质量安全标准，如欧盟、美国、日本等国家和地区的标准体系。结合滇黔桂地区特色农产品的特点，制定与之接轨的地方标准和行业标准。例如，针对云南的普洱茶，制定符合国际食品安全标准的农药残留、重金属含量等指标标准；对于广西的芒果，制定符合国际市场需求的外观、口感、糖分含量等质量标准。建立标准动态更新机制，密切关注国际标准的变化趋势，及时对本地标准进行修订和完善，确保出口农产品始终符合国际要求。

定期组织标准研讨会，邀请国内外专家、企业代表、行业协会等共同参与，对现行标准进行评估和讨论，及时发现问题并提出改进建议。加强与国际标准化组织的合作与交流，积极参与国际标准的制定和修订工作，争取在国际标准制定中拥有更多话语权。鼓励企业参与标准制定，将企业在生产实践中的先进经验和技术创新融入标准体系，提高标准的实用性和可操作性。

其三，优化认证服务与监管体系。培育和引进一批专业的认证服务机构，加强对认证服务机构的监管，规范其认证服务行为，提高认证服务质量。建立认证服务机构的信用评价体系，对信用良好的机构给予政策支持和业务推荐，对违规操作的机构进行严厉处罚。搭建农产品出口认证公共服务平台，整合认证标准、认证机构、认证流程等信息，为企业提供一站式服务。平台设置在线咨询、业务办理、进度查询等功能，方便企业及时了解认证相关信息。加强对农产品出口企业的认证培训，定期组织专家开展培训讲座，讲解国际认证标准和认证流程，提高企业的认证意识和能力。

为提升认证服务的效率和质量，应建立认证服务机构与企业的沟通协调机制，及时解决企业在认证过程中遇到的问题。鼓励认证服务机构开展技术创新，采用先进的检测技术和信息化管理手段，提高认证工作的准确性和时效性。加强对认证从业人员的培训和管理，建立认证人员资格考试和定期培训制度，确保认证人员具备专业的知识和技能。

其四，加强国际合作与交流。积极参与国际农产品标准制定和认证规则的研讨，与国际组织、其他国家和地区建立合作关系，争取在国际农产品标准制定中拥有更多话语权。例如，与东盟国家共同开展农产品标准互认工作，降低贸易壁垒。组织农产品出口企业参加国际农产品展销会、贸易洽谈会等活动，展示通过国际认证的特色农产品，提升产品的国际知名度和市场竞争力。同时，鼓励企业与国际知名农产品采购商建立长期合作关系，根据国际市场需求，不断优化产品质量和认证标准。建立农产品出口认证信息共享机制，与其他国家和地区的相关部门和机构共享认证数据和监管信息，共同加强农产品质量安全管理。

此外，还应充分利用《区域全面经济伙伴关系协定》（RCEP）等国际合作框架，推动与东盟国家在农产品标准和认证领域的深度合作。加强与国际知名认证机构的合作，引进国际先进的认证理念和技术，提升国内认证服务水平。鼓励企业开展跨境电商业务，通过电商平台拓展国际市场，提高农产品的出口份额。组织开展国际农产品质量安全交流活动，邀请国外专家和企业代表分享经验，促进国内农产品质量安全水平的提升。

第十四章 研究结论与展望

14.1 研究结论

　　滇黔桂革命老区特色农业产业发展面临诸多棘手的制约因素。从自然条件来看，该区域地形复杂，山地、高原、喀斯特地貌交错分布。在贵州，喀斯特地貌导致耕地被众多溶洞、峰林分割，据统计，平均每块耕地面积不足 0.5 公顷，且地块分散，大型农业机械难以施展，极大限制了农业规模化生产。同时，气象灾害频发，云南每年受干旱影响的耕地面积约占总耕地面积的 30%，导致农作物减产 20%～30%；广西每年因台风造成的农业经济损失高达数亿元，水果、蔬菜等农作物受灾严重。此外，土壤质量问题也不容忽视，云南部分地区由于长期不合理施肥，土壤酸化严重，土壤 pH 值低于 5.5 的耕地面积占比达 25%，影响了特色农产品如花卉、茶叶的品质和产量。

　　经济基础薄弱是产业发展的一大阻碍。资金投入不足使得农业基础设施建设滞后，滇黔桂革命老区灌溉设施完好率不足 60%，部分地区灌溉水利用系数仅为 0.4，远低于全国平均水平。农产品加工能力有限，多数企业仍停留在初级加工阶段，产品附加值低，如贵州刺梨加工企业中，90%以上仅能生产刺梨果汁、果脯等初级产品，缺乏对刺梨保健品、化妆品等高附加值产品的开发。市场开拓与品牌建设滞后，特色农产品在全国市场的知名度较低，品牌影响力不足，而且，产业融资困难，由于农业产业风险高、回报周期长，金融机构对特色农业产业的信贷支持力度不足，融资渠道狭窄。

社会文化层面同样存在问题。农村劳动力素质偏低，以云南为例，农村劳动力中初中及以下文化程度占比高达75%，对新的农业技术和管理理念接受能力差。农民组织化程度不高，缺乏有效的合作组织引领，在市场交易中难以形成合力，抗风险能力弱。传统的农业生产观念根深蒂固，部分农民过于依赖经验，对特色农业产业发展的积极性和主动性不高。同时，人才流失严重，大量年轻、有知识的劳动力流向城市，导致农村缺乏懂技术、会管理的新型农业人才。此外，生态环境压力大，随着特色农业产业的发展，农药、化肥的过量使用导致土壤污染、水体污染；技术创新不足，农业科研投入占农业总产值的比重仅为0.5%，远低于发达国家2%~3%的水平；产业融合度低，农业与第二、三产业的融合尚处于起步阶段，产业链短，附加值低。

为突破发展瓶颈，当地提出的一系列发展策略取得了令人瞩目的成效，尤其在品牌宣传推广方面，三地充分利用多种渠道提升特色农产品的知名度和市场竞争力。

在拓展销售渠道上，搭建专属电商平台，深耕主流电商平台，利用微信、抖音等社交平台，通过社群营销和直播带货，销售额得到大幅增长。通过举办电商培训班，为滇黔桂革命老区培养了5000多名电商专业人才，为电商业务发展提供了有力支持。

政府政策支持在产业发展中起到了关键作用。财政政策方面，各地加大资金投入，设立特色农业产业发展专项资金，每年投入金额不少于10亿元，用于农业基础设施建设、农业科技创新等。优化补贴政策，对采用绿色生产技术的农户给予每亩300~500元的补贴，促进了生态农业发展。完善税收优惠，对农产品加工企业减免企业所得税，前三年免征，第四年至第六年减半征收，激发了企业发展活力。

产业政策上，科学规划产业布局，根据各地自然条件和资源禀赋，明确云南重点发展咖啡、花卉产业，贵州重点发展刺梨、茶叶产业，广西重点发展蔗糖、水果产业，避免了产业同质化竞争，促进产业融合发展，推动农产品加工企业向精深加工转型。

基础设施建设支持成效显著。在交通设施改善方面，升级山区公路，将贵州通往刺梨种植区的公路拓宽至 6 米，硬化路面，运输效率提高了50%。加密农村公路网络，新建农村公路 1000 千米，实现了村村通公路，农产品运输成本降低了 30%。构建铁路公路联运体系，提高了大宗农产品的运输效率，如广西蔗糖通过铁路公路联运，运输时间缩短了 2~3 天。建设冷链物流运输通道，保障了特色农产品的品质，如云南花卉通过冷链物流运输，保鲜期延长了 3~5 天。

水利设施建设方面，建设灌溉水源工程，在云南建设水库、山塘等蓄水工程，增加蓄水量 5000 万立方米，有效缓解了干旱地区的灌溉难题。修缮与新建灌溉渠道，采用新型防渗材料，使灌溉水利用系数提高到 0.6 以上。推广节水灌溉技术，在广西推广滴灌、喷灌等技术，节水率达到 30%以上。完善管理维护机制，成立专门的水利设施管理机构，确保水利设施的正常运行。

金融支持方面，实施差异化信贷政策，延长贷款期限，降低贷款门槛，为农业经营主体提供资金支持。提供贷款贴息与担保补贴，对特色农业产业贷款给予贴息，贴息比例为 3%~5%，对担保机构给予补贴，补贴比例为 1%~2%，降低了融资成本。创新农业保险，开发天气指数保险、价格指数保险等新型保险产品，降低了农业生产风险。开展供应链金融，以广西蔗糖产业为例，通过供应链金融模式，为上下游企业提供融资 5 亿元，解决了企业资金周转难题。建设农村金融资产交易平台，盘活农村沉睡资产，为农业融资开辟了新渠道。拓展互联网金融服务，开展线上小额信贷业务，为农户和农业企业提供便捷的融资服务。

科技支持方面，加大科技投入，设立专项基金，每年投入 5 亿元以上，引导企业投入，对投入研发资金达到一定比例的企业给予税收优惠。加强产学研合作，促成高校、科研机构与农业企业合作项目 500 多个，加速了科技成果转化。培养科技人才，构建多层次培养体系，在高校开设特色农业相关专业，在职业教育层面开展短期培训课程。实施激励政策，对农业科技人才给予奖励和政策倾斜。引进高端人才，吸引国内外知名农业科研人才 50 多人，提升了产业科技水平。

社会支持方面，社会组织在资源整合、技术服务、市场拓展、行业自律等方面发挥了重要作用。通过宣传教育，提升公众对特色农业产业的认知度和认同感。建立利益联结机制，吸引公众参与特色农业项目。搭建参与渠道，建立线上线下相结合的参与平台，方便公众参与产业发展。

14.2　研究展望

随着滇黔桂革命老区特色农业产业的蓬勃发展，现有政策支持体系亟待持续优化与完善。在财政政策方面，需进一步加大对农业科技创新的投入比例，未来每年投入增长幅度应稳定维持在 15% 以上。设立专门的农业科技创新基金，由政府联合社会资本共同出资，确保资金专款专用。例如，针对云南咖啡产业，重点支持咖啡抗锈病品种的选育研究，通过基因编辑技术和传统杂交育种相结合的方式，培育出更具优良品质的新品种。同时，细化补贴政策，深入调研不同特色农产品的生长周期、市场波动规律以及生产成本构成，制定差异化补贴标准。对于种植周期长、前期投入大的云南花卉产业，在种苗培育阶段给予更高额度的补贴；针对市场价格波动大的贵州刺梨，设立价格补贴机制，当市场价格低于成本价一定比例时，启动补贴程序，保障农户收益。

在产业政策上，强化区域间协同合作，建立滇黔桂三省区特色农业产业发展协调领导小组，由三省区农业农村部门、发展改革部门等相关负责人组成，定期召开联席会议，共同制定产业发展规划。明确各地区的主导产业和优势产品，避免重复建设和资源浪费。

深化科技赋能产业发展，科技在未来特色农业产业发展中扮演着极为关键的角色。持续推进产学研深度融合，鼓励高校和科研机构在滇黔桂革命老区建立农业科技成果转化示范基地。以广西蔗糖产业为例，可与广西大学、广西农科院等科研院校合作，建立蔗糖产业科技成果转化示范基地，重点开展甘蔗机械化种植、蔗糖深加工技术的研发与应用。预计未来5年内，每个省份至少建立5个示范基地，确保每年有不少于20项农业科技成果得到推广应用。

积极引入人工智能、大数据、物联网等前沿技术，实现农业生产的智能化管理。利用无人机搭载高分辨率摄像头和多光谱传感器，对农作物进行病虫害监测和精准施药。通过大数据分析，建立病虫害预测模型，提前预警病虫害发生趋势，指导农户精准防治，可减少农药使用量30%以上。在果园、茶园等种植基地安装土壤墒情传感器、气象传感器等设备，实时采集土壤湿度、养分含量、气温、光照等信息，通过智能控制系统自动调节灌溉、施肥和通风等设备，实现精准灌溉和科学施肥，可提高水资源和肥料利用率20%以上，有效提升生产效率和农产品质量。

强化市场拓展与品牌建设。在市场拓展方面，进一步加强与国内外大型农产品采购商、电商平台的合作。与沃尔玛、家乐福等国际大型连锁超市建立长期合作关系，直接将滇黔桂革命老区特色农产品引入其全球供应链体系。与阿里巴巴、京东等电商平台合作，开展特色农产品专场促销活动，借助平台的流量优势和大数据分析能力，精准推送产品信息，提高产品曝光度和销售量。计划在未来3年内，与50家以上国内外知名采购商建立长期合作关系，借助电商平台的流量优势，将滇黔桂革命老区特色农产品的市场份额提升20%以上。

在品牌建设上，加大品牌培育和宣传力度。设立品牌建设专项资金，每年投入不少于5000万元，用于品牌策划、包装设计和宣传推广。通过举办国际农产品品牌峰会、参加国际知名农产品展会等活动，提升品牌知名度和美誉度。例如，举办"滇黔桂特色农产品国际品牌峰会"，邀请国内外农业专家、品牌营销专家、采购商等共同参与，展示特色农产品品牌形象和发展成果。同时，加强品牌保护，建立健全品牌保护法律法规，严厉打击假冒伪劣产品，维护品牌形象。

加强生态保护与可持续发展。未来滇黔桂革命老区特色农业产业发展必须坚守生态底线，实现经济发展与生态保护的良性互动。加大对生态农业技术的研发和推广力度，设立生态农业技术研发专项基金，每年投入不少于 3000 万元，支持绿色防控技术、生态循环农业技术等研发。推广绿色防控技术，多利用太阳能杀虫灯、性诱剂等物理和生物防治手段，尽量减少化学农药使用量，确保农产品质量安全。

加强农业面源污染治理，推广生态循环农业模式。在广西蔗糖产区，利用甘蔗渣生产生物质能源，建设生物质发电厂，每年可消化甘蔗渣 50 万吨，发电 1 亿度；将刺梨加工废料制成有机肥料，用于刺梨种植基地，实现资源循环利用。通过这些措施，提高资源利用效率，降低环境污染，推动特色农业产业的可持续发展。

促进人才培养与引进长效化。人才是产业发展的核心要素，未来要建立健全人才培养与引进的长效机制。在人才培养方面，持续完善高校和职业院校的特色农业专业课程体系。在云南农业大学、贵州大学、广西大学等高校开设咖啡种植与加工、刺梨产业技术、蔗糖工程等特色专业，邀请行业专家参与课程设计和教学，加强实践教学环节，与农业企业建立紧密的实习就业合作关系，每年为产业输送不少于 3000 名专业人才，其中本科及以上学历人才不少于 1000 名。

在人才引进方面，制定更加优惠的政策，吸引国内外高端农业科技人才和管理人才扎根老区。提供优厚的薪酬待遇，高端人才年薪不低于 50 万元，并给予一次性安家费 30 万元。建设人才公寓，提供免费住宿或租金补贴；协调当地优质学校，解决人才子女入学问题。同时，建立人才服务专员制度，为引进人才提供全方位的服务保障，确保人才引得进、留得住、用得好。

14.3　未来研究方向

其一，创新农业种植技术研究。面对气候变化带来的极端天气增加、气温波动、降水不均等问题，研发适应气候变化的新型农业种植技术至关重要。研究重点应放在精准农业技术的深化应用上，借助物联网、大数据、卫星遥感等技术，实现对农田环境的实时监测与精准调控。例如，通过传感器实时采集土壤湿度、养分含量、气温、光照等数据，利用数据分析模型制定精准的灌溉、施肥方案，提高水资源和肥料的利用效率，降低气候变化对农作物生长的负面影响。同时，探索新型的保护性耕作技术，如免耕、少耕、轮作等，增强土壤的保水保肥能力，减少土壤侵蚀，提高土壤的碳汇能力，从而提升农田生态系统对气候变化的适应能力。

选育抗逆性农作物品种。培育适应气候变化的农作物品种是农业应对气候变化的关键，未来研究需聚焦于挖掘和利用农作物的抗逆基因资源，通过传统育种技术与现代生物技术相结合，选育出具有高抗病虫害、耐旱、耐涝、耐高温或低温等特性的新品种。以滇黔桂地区为例，针对该地区夏季高温多雨、易发生洪涝灾害以及部分地区存在喀斯特地貌导致土壤保水保肥能力差的特点，重点培育抗高温高湿、耐瘠薄土壤的水稻、玉米、蔬菜等品种。利用基因编辑技术，对农作物的关键基因进行精准修复，加速新品种的选育进程，为农业生产提供适应气候变化的优质种子资源。

其二，优化农业产业模式研究。研究如何调整和优化农业产业模式，以适应气候变化的影响。一方面，积极探索发展生态循环农业模式，通过建立农业废弃物资源化利用、种养结合等循环体系，减少农业面源污染，提高农业资源利用效率，增强农业生态系统的稳定性和抗逆性。例如，推广"猪—沼—果""稻—鱼—鸭"等生态循环模式，实现农业生产的物质循环和能量多级利用。另一方面，加强对农业产业结构调整的研究，根据气候变化趋势和市场需求，合理调整农作物种植结构和养殖品种结构。在气温升高的地区，适当增加喜温作物的种植面积，减少对热量条件要求较高的农作物种植；在水资源短缺的地区，发展耐旱作物和节水型养殖产业，提高农业产业对气候变化的适应性和可持续发展能力。

其三，加强气候变化影响评估研究。深入开展气候变化对农业生产影响的评估研究，为制定科学合理的应对策略提供依据。运用气候模型、农业生态模型等多种方法，对不同气候变化情景下的农作物产量、品质、病虫害发生规律、农业水资源利用等进行模拟预测和评估。结合滇黔桂地区的地理、气候和农业生产特点，建立本地化的农业气候变化影响评估模型，准确评估气候变化对当地特色农业产业的影响程度和范围。同时，加强对气候变化影响农业的风险评估研究，识别农业生产面临的主要风险因素，制定相应的风险应对预案，提高农业应对气候变化的风险管理能力。

其四，人工智能助力农业精准生产。在农业生产环节，人工智能技术将发挥巨大作用。借助图像识别与传感器技术，人工智能系统能够实时监测农作物的生长状况。例如，通过对作物叶片颜色、纹理及病虫害特征的分析，精准识别农作物是否遭受病虫害侵袭，并判断病虫害的类型和严重程度，从而及时发出预警，指导农户采取针对性的防治措施，减少农药使用量，降低生产成本，提高农产品质量。在灌溉和施肥方面，人工智能可根据土壤湿度、养分含量以及作物不同生长阶段的需求，实现精准灌溉与施肥。通过智能传感器收集数据，利用机器学习算法分析数据，制定个性化的灌溉和施肥方案，实现对水资源和肥料的高效利用，避免资源浪费和环境污染。以云南的花卉种植为例，引入人工智能控制系统后，可根据不同花卉品种对光照、温度、湿度的需求，自动调节温室环境参数，实现花卉的全年均衡生产，提高花卉品质和产量。

其五，元宇宙技术打造农业全新体验与营销模式。元宇宙技术为农业带来了全新的体验和营销模式。在农业旅游领域，通过构建元宇宙农业旅游场景，游客无须亲临现场，即可通过虚拟现实（VR）、增强现实（AR）设备沉浸式体验田园风光及农事活动。例如，打造虚拟的云南文山三七种植园，游客可以在元宇宙中漫步于三七种植田间，了解三七的种植过程、生长习性，参与模拟的三七采摘活动，感受独特的农业文化。在农产品销售方面，元宇宙为农产品营销开辟了新渠道，利用元宇宙平台，农产品企业可以创建虚拟展厅，展示农产品的外观、品质、生长环境等信息，让消费者更加直观地了解产品。通过举办虚拟农产品展销会、线上直播带货等活动，增强消费者与农产品的互动，提高农产品的销售效率和市场知名度。

其六，人工智能与元宇宙融合推动农业管理创新。将人工智能与元宇宙技术融合，能够实现农业管理的创新与升级。在农业供应链管理中，利用人工智能技术对农产品从生产、加工、运输到销售的全过程进行实时监控和数据分析，优化供应链流程，提高供应链效率。借助元宇宙技术，构建可视化的农业供应链管理平台，让供应链中的各个环节清晰可见，实现信息的实时共享和协同管理。例如，通过元宇宙平台，农产品供应商、加工企业、物流企业和销售商可以实时沟通，及时解决供应链中出现的问题，确保农产品的新鲜度和质量安全。在农业科研与教育领域，元宇宙为农业科研人员提供了虚拟实验环境，降低实验成本和风险。同时，利用元宇宙和人工智能技术开发农业教育课程，为农民和农业从业者提供更加生动、直观的学习体验，提高农业从业人员的素质和技能水平。

参 考 文 献

[1]国彦兵. 国际贸易理论[M]. 杭州：浙江大学出版社，2004 年.

[2]王文长，李曦辉，李俊峰. 西部特色经济开发[M]. 北京：民族出版社，2001.

[3]亚当·斯密. 国富论[M]. 唐日松，译. 北京：商务印书馆，2007.

[4]张丽君，李澜. 西部开发与特色经济规划[M]. 大连：东北财经大学出版社，2002.

[5]张泽荣，盛毅. 中国西部特色经济[M]. 成都：四川辞书出版社，2000.

[6]蔡海龙. 从"新土特产"看特色农业产业的发展方向[J]. 人民论坛，2024(10)：97-101.

[7]陈华琛. 云南高原特色农业产业链保险体系的构建及发展对策——以云南省怒江州草果产业为例[J]. 江苏农业科学，2022，50(17)：295-301.

[8]程艳. 山西特色农业产业发展问题研究[J]. 经济师，2015(12)：22-24.

[9]邓兰英. 少数民族地区文化产业发展研究——以广西三江侗族自治县为例[J]. 经济与社会发展，2012(3)：20-23.

[10]董晓波，陈良正，阳茂庆，等. 云南高原特色农业比较优势研究[J]. 中国农学通报，2016，32(12)：175-182.

[11]段琳琳，刘祖瑾，杨玲. 河南特色农业发展存在的问题和对策研究[J]. 甘肃农业，2016(14)：12-15.

[12]范建华. 乡村振兴战略的时代意义[J]. 行政管理改革，2018(2)：16-21.

2018(1)：4-10.

[42]覃泽林，等."十三五"广西现代农业面临的挑战与发展思路[J].南方农业学报，2015，46(5)：943-950.

[43]谭克虎，史铁成."十一五"时期太原市特色产业体系构建初探[J].山西大学学报(哲学社会科学版)，2006(6)：86-93.

[44]唐红祥.提升现代特色农业问题研究——以广西为例[J].学术论坛，2016，39(4)：62-66.

[45]王辅崇，杜娟.山西省特色产业精准扶贫问题研究[J].湖南农业大学，2017(7)112-116.

[46]王贵元，郑杰.农业产业化龙头企业的培育对策[J].农村经济，2006(7)：42-43.

[47]王建农，邓祖龙，周凌荣.特色农业成为农村经济新的增长点[J].农业经济问题，1997(2)：57.

[48]王立超.特色农业产业集群发展案例分析与优化策略[J].南方农业，2024，18(21)：196-198，204.

[49]王龙昌，史俊通，路阳明，等.试论西部地区特色农业及其开发策略[J].农业现代化研究，2001(1)：44-47.

[50]王龙锋，张良成，张瑞卿.江西特色农业产业集群化发展存在的问题及对策[J].南昌航空工业学院学报(社会科学版)，2005(1)：48-51.

[51]王旭，张国珍.国外农业产业化经营对我国的借鉴[J].理论前沿，2005(19)：36-37.

[52]韦鸿雁.广西特色农业概述[J].广西农学报，2005(5)：25-31.

[53]魏建美，李庆，卢慧，等.科技支撑现代特色农业发展的调查与思考——以赣南等原中央苏区为例[J].农业科技管理，2016，35(4)：66-69.

[54]魏向远.创新制度环境　推动特色农业产业区高质量发展[J].经济研究导刊，2024(18)：1-4.

[55]吴晓迪.借鉴国外经验　促进中国特色农业发展的思考[J].世界农业，

2014（2）：149-153.

[56]徐理结.我国农村合作经济组织的实践与发展研究[J].经济问题探索，2006（1）：57-65.

[57]杨敬宇，张汉燚，聂华林.西部区域特色农业发展与生产性公共产品供给[J].中国农业资源与区划，2010，31（6）：63-67.

[58]杨生，聂琴.对民族地区发展特色产业的几点思考[J].经济问题探索，1999（6）：3-5.

[59]杨新荣，唐靖廷，杨勇军，等.乡村振兴战略的推进路径研究——以广东省为例[J].农业经济问题，2018（6）：108-116.

[60]杨志龙，陈卫强.特色农业产业成长的逻辑理路研究[J].农业经济与管理，2021，（6）：12-19.

[61]袁建岐.国外农业产业化实践及启示[J].世界农业，2006（3）：32-34.

[62]张昌禄.特色农业产业链金融支持体系建设实践——以江西省铅山县为例[J].金融科技时代，2016（6）：73-75.

[63]张红宇，张海阳，李伟毅，等.中国特色农业现代化：目标定位与改革创新[J].中国农村经济，2015（1）：4-13.

[64]张奇.农业产业集群成长演进中的地方政府作用研究[J].农村经济，2009（1）：39-42.

[65]张士功，王道龙，吴永常，等.发展西部特色农业 促进资源优势向经济优势的快速转变[J].中国人口·资源与环境，2002（6）：118-121.

[66]张晓芳.发展我国特色农业问题研究[J].山西财经大学学报，2009（S1）：91.

[67]张晓哲.广西县域特色产业发展的问题、思路与对策[J].西部大开发，2015（5）：224-225.

[68]张鑫.乡村经济振兴与地方特色农业产业发展[J].农业开发与装备，2024（8）：22-24.

[69]张永成.运用特理论发展广西特色产业[J].改革与战略，1999（2）：3-5.

[70] 张云兰, 陆维研, 唐红祥. 现代特色农业发展综合评价及对策——以广西为例[J]. 江苏农业科学, 2017, 45(10): 260-264.

[71] 郑业鲁. 广东特色农业现状与发展对策[J]. 南方农村, 2005(6): 43-46.

[72] 周灿芳, 傅晨. 我国特色农业研究进展[J]. 广东农业科学, 2008(9): 157-161.

[73] 朱帅. 大力发展现代特色农业产业[J]. 当代广西, 2024(20): 34.

[74] 庄万禄. 论西部民族地区特色经济发展战略[J]. 中南民族大学学报(人文社会科学版), 2004(1): 17-21.

[75] 陈彧. 贵州特色农业发展研究[D]. 贵州大学, 2008.

[76] 邓佳. 广西那坡县特色农业产业扶贫策略研究[D]. 广西大学, 2018.

[77] 董俐君. 政府会计制度对高校固定资产管理的影响[D]. 电子科技大学, 2021.

[78] 黄文君. 乡村振兴战略下村党组织领导乡村治理机制研究[D]. 华南理工大学, 2018.

[79] 匡俊杰. 贫困地区特色产业发展的影响因素研究[D]. 湖南农业大学, 2015.

[80] 李庆萍. 乡村振兴背景下政府推进地方特色农业产业发展的效能研究[D]. 广西大学, 2024.

[81] 罗必敬. 融水县现代特色农业发展问题研究[D]. 广西大学, 2015.

[82] 蒙媛媛. 广西现代特色农业示范区转型升级研究[D]. 广西大学, 2020.

[83] 乔国栋. 中国东北地区特色农业发展研究[D]. 中央民族大学, 2012.

[84] 卿弯. 产业链视角下农村特色产业发展研究[D]. 苏州科技大学, 2016.

[85] 商尧. 张家口市特色农业产业发展研究[D]. 燕山大学, 2014.

[86] 苏兆星. 广西特色农业产业发展对农业经济增长的贡献研究[D]. 广西大学, 2023.

[87] 覃松明. 广西沿海三市特色农业产业发展研究[D]. 广西大学, 2021.

[88]唐玲. 广西特色农业产业集群化发展研究[D]. 广西大学，2013.

[89]王静. 河北省农业特色产业扶贫问题研究[D]. 河北师范大学，2018.

[90]王凯. 乡村振兴战略视域下的乡村民主治理问题研究[D]. 西安科技大学，2018.

[91]叶奇奇. 乡村振兴视域下中国农村生态文明建设研究[D]. 西南科技大学，2018.

[92]叶碎娟. 浙江省文成县特色农业发展现状与对策研究[D]. 江西农业大学，2016.

[93]叶小丽. 广东省特色农业发展对策研究[D]. 广东海洋大学，2017.

[94]张安群. 广西特色农业发展研究[D]. 中南民族大学，2011.

[95]张骏. 同江市特色农业发展问题研究[D]. 吉林大学，2016.

[96]张小艳. 南疆特色农业持续发展研究[D]. 华中师范大学，2008.

[97]章雨微，赵瑞峰. 广西少数民族文化产业结构优化研究[J]. 企业改革与管理，2016(1)：201-202.

[98]郑容. 欠发达地区特色农业发展研究[D]. 华东理工大学，2015.

[99]郑天鹅. 广西特色农业产业化研究[D]. 中南民族大学，2013.

[100]周挺. 高等院校国有资产管理优化研究[D]. 西北师范大学，2021.

[101]邹一鸣. 岳阳特色农业发展研究[D]. 湖南农业大学，2008.

[102]Chieochan O, Lindley D, Dunn T. Factors Affecting the Use of Information Technology in Thai Agricultural Cooperatives：A Work in Progress[J]. The Electronic Journal of Information Systems in Developing Countries，2000，2(1).

[103]Glover D J. Increasing the Benefits to Smallholders from Contract Farming：Problems for Farmer's Organizations and Policy Makers [J]. World Development，1987，15(4)：441-448.

[104]Jeremy R F, Irina D. Marketing Strategies in Changed Circumstances：Observation from Farmers in Novosibirsk Oblast', Russia [J]. Post-Communist Economies，2006，18(2).

[105] Thomas R, Christopher B B. Agroindustrialization, globalization, and international development[J]. Agricultural Economics, 2000, 23(3).

[106] Warning M, Key N. The Social Performance and Distributional Consequences of Contract Farming: An Equilibrium Analysis of the Arachide de Bouche Program in Senegal[J]. World Development, 2002, 30(2): 255-263.